Ludolf Kuchenbuch

Welches Jahrtausend brauchen wir?

DAS MITTELALTERLICHE JAHRTAUSEND

Herausgegeben von Michael Borgolte

Band 11

berlin-brandenburgische
AKADEMIE DER WISSENSCHAFTEN

Ludolf Kuchenbuch

Welches Jahrtausend brauchen wir?

Zum Für und Wider des »Mittelalters« als Epoche

WALLSTEIN VERLAG

Bibliografische Information der Deutschen Nationalbibliothek
Die Deutsche Nationalbibliothek verzeichnet diese Publikation in der Deutschen Nationalbibliografie; detaillierte bibliografische Daten sind im Internet über http://dnb.d-nb.de abrufbar.

www.wallstein-verlag.de
Vom Verlag gesetzt aus der Stempel Garamond und der Seravek
Umschlaggestaltung: SG-Image unter Verwendung eines kolorierten Holzschnitts »Schlachtschwert und Helmparten« von Erhard Schön, Nürnberg 1532-1542 © bpk/Herzog Anton Ulrich-Museum
Druck und Verarbeitung: bookSolutions Vertriebs GmbH, Göttingen
ISBN 978-3-8353-5683-2

Inhalt

Vorwort

Diese Schriftenreihe der Berlin-Brandenburgischen Akademie der Wissenschaften hat von Anfang an ein doppeltes Ziel verfolgt: die fortdauernde Aktualität des Mittelalters in der Gegenwart aufzuweisen (Oexle, Bd. 1, 2013; zuletzt Nirenberg, Bd. 10, 2023) und einem globalhistorischen Blick auf die Epoche Geltung zu verschaffen (Kulke, Bd. 3, 2016, u.a.). Der zweite Ansatz bedingte, dass die Reihe nicht etwa »Das Mittelalter« heißen konnte, da eine unbedachte Übertragung der westeuropäischen Periode auf andere Kulturen zurecht als übergriffig empfunden wird. Nur durch Zuschneidung eines Zeitsegments aus dem Kontinuum der Vergangenheit lässt sich methodisch kontrolliert das lateineuropäische Mittelalter mit der gleichzeitigen Geschichte anderer Räume in Beziehung setzen. Die Verwendung des Attributs »mittelalterlich« ließ sich damit rechtfertigen, dass es nach dem ersten Anliegen der Reihe eben auch um die Frage der Aktualiät »unserer« Vergangenheit gehen sollte, die nun aber als interkulturell vernetzte, nicht nur lateinisch geprägte Epoche zu verstehen sein soll.

Allerdings ist die Begrenzung auf eintausend Jahre ebenfalls anfechtbar. Einerseits kann man ihr mediävistisch widersprechen und andere Zeitgrenzen vorschlagen; andererseits lässt sich einwenden, dass die gedachten Grenzen von 500 und 1500 u. Z. wieder einer gängigen Periodisierung der europäischen Geschichte folgen. Über die Dilemmata des Mittelalterbegriffs täuscht nicht hinweg, dass er trotz der implizierten Abwertung der gemeinten Epoche inzwischen längst von Wissenschaften für andere Kulturen und Geschichten übernommen wurde (vgl. jetzt Daniel G. König, in: ders., Hg., Geschichte der Welt,

Bd. 2: 600-1350. München 2023, 34-45). Eine überzeugende Alternative hat allerdings noch niemand aufweisen können. Wenn die Welten jener Zeit über den europäischen Horizont hinaus globalhistorisch in den Blick genommen werden sollen, kann es offensichtlich keine allgemein überzeugenden Zeitgrenzen und eine überall zutreffende Epochensignatur geben. Kein Wunder, dass der Kirchenhistoriker Christoph Markschies, Präsident der BBAW, kürzlich etwas ratlos fragte, ob es (für sein Fach) noch sinnvoll sei, »von ›Mittelalter‹ zu reden?« (Theologische Literaturzeitung 148, 2023, 289-310).

In dieser unübersichtlich gewordenen Lage tun klare Analysen Not. Es war deshalb ein Geschenk, dass uns der renommierte Historiker und Theoretiker Ludolf Kuchenbuch, ausgewiesen durch zahlreiche ebenso scharfsinnige wie kreative Abhandlungen über das lateinische Mittelalter, den hier vorgelegten Essay angeboten hat. Ich freue mich sehr, ihn in unserer Reihe publizieren zu können, und bin sicher, dass er die weitere Diskussion beleben wird.

Berlin, Ostern 2024 Michael Borgolte

Einleitung

Mittelalter-Dämmerung?[1]

Kann das Mittelalter – endlich – mal ›aufhören‹? Sicher nicht! Längst haben diskursiv denkende Mediävisten wie Valentin Groebner und Otto Gerhard Oexle gültig herausgearbeitet (2008, 2013), wie *gegenwärtig* das Mittelalter, *das* jahrhundertealte identitätsstiftende Antonym zur europäischen Moderne, war, ist und bleiben dürfte.[2] Ein Sinn- und Funktionschamäleon durch und durch, besonders heutzutage. Im massenmedialen Infotainment ist es für alles *Es-war-einmal* exotisierend zur Hand. Im bürgerlichen Kultur- und Politikbetrieb dient es als schlichte Bezugsfolie für jedwede Zustimmung zur oder Beargwöhnung der verwickelten Gegenwart.

Und in den historischen Wissenschaften? Die zuständige Disziplin über das ›Dazwischen‹-Jahrtausend, die *Mediävistik*, ist zwar überreich an Themen und Facetten, beeindruckend forschungs- und vermittlungsaktiv. Aber ihr fehlt ein markantes, durchgehend anerkanntes Profil. Sie steht unter wachsendem Legitimationsdruck, rutscht seit Jahrzehnten immer weiter ins erinnerungskulturelle

1 Ich habe für Hilfe und Rat zu danken: Michael Borgolte, Barbara Schlieben, Dorothea Weltecke, Uta Kleine, David Kuchenbuch, Eckhard Meyer-Zwiffelhoffer, Thomas Sokoll, Thomas Ertl, Alain Guerreau, Joseph Morsel, Peter Feldbauer, Bernhard Jussen. Abschluss des Manuskripts: Ende Februar 2024.

2 Valentin Groebner, *Das Mittelalter hört nicht auf. Über historisches Erzählen*, München 2008; Otto Gerhard Oexle, *Die Gegenwart des Mittelalters*, Berlin 2013; International gestreute Einzelstudien: János Bak, Jörg Janut, Pierre Monnet, Bernd Schneidmüller (Hg.), *Gebrauch und Missbrauch des Mittelalters, 19.-21. Jahrhundert*, München 2009.

Relevanztief, hat entsprechend unter Curriculumskürzung, Stellenabbau und Mittelverknappung zu leiden. Die Ursachen hierfür sollen hier nicht ausgebreitet werden.

Die folgenden Zeilen sind weder eine Streitschrift noch ein Forschungsbericht, eher eine nur bedingt repräsentative Serie diagnostischer Röntgenbilder samt abschließender therapeutischer Erwägungen. Leitend ist die Frage, die die Identität der Mediävistik als Epochenwissenschaft betrifft, der Name ihres Gegenstands. Es scheint vorbei zu sein mit dem konsensuellen, abgeschliffenen Dauerzustand eines nahezu inhaltsneutralen Gebrauchs des *Mittelalters* – als 1000-Jahre-Container zwischen Antike und Moderne. Seit Jahrzehnten wird – zunehmend grundsätzlicher – gestritten in der historischen Sektion der Mediävistik, aber mit überraschender Beteiligung von benachbarten Subdisziplinen und darüber hinaus – unnachgiebig und mit weit auseinander gehenden, traditionellen wie neuartigen Begründungen. Eine fast wirre Lage. Sie wird zwar inzwischen rückblickend zu sichten und zu ordnen versucht.[3] Um sie besser zu verstehen, bedarf es meines Erachtens mehr an Tiefe und Breite des Argumentationsfeldes und seiner Wirkungslinien – um nicht zu sagen, des *Networkings*[4] der vergangenen Jahrzehnte.

Wer in diesem Sinne Klärung sucht und auf Abwägungskompetenz hinaus will, sollte also genauer zurückschauen. Beileibe nicht zu Ursprüngen, wohl aber zu wirkungsvollen Vorleistungen und auffälligen, experimentellen

3 Hans-Werner Goetz (Hg.), *Kontroversen in der jüngeren Mediävistik*, Wien; Weimar 2023, mit ausführlicher ›historischer‹ Hinführung vom Hg. S. 7-48. Angekündigt ist Jan-Hendryk de Boer, Marcel Bubert, Katharina Ulrike Mersch, *Die Mediävistik und ihr Mittelalter*, Berlin 2024.

4 Der große Wurf in dieser Richtung: Randall Collins, *The Sociology of Philosophies. A Global Theory of Intellectual Change*, Cambridge; London 1998.

Fortspinnungen, chronologischen, räumlichen, sachlichen, methodischen – von den 1970/80er-Jahren bis zur heutigen, widersprüchlich dissoziierten Situation. Alle zusammen bilden einen Bestand, der sich nicht nur zu verschiedenen Auffassungen allein vom *Mittelalter* auffächert, sondern zu dem auch synomyme, alternative und ergänzende Leitbegriffe gehören – *Feudalismus*[5], *vorindustrielles Europa, Alteuropa, Vormoderne* usf. Deshalb wird auch über solche Positionen berichtet. Doch muss ich mich im Folgenden auf deutsche, englische und französische Beiträge beschränken.[6] Forschungen dreier Generationen kommen zu Wort, entweder punktuell oder mit mehreren Denketappen. Man erwarte keine präzise Chronologie. Zu viel Gleichzeitigkeit und Ungleichzeitigkeit ist im Spiel. Es geht mir um eine möglichst konzise Beschreibung und Durchleuchtung der Beiträge mit dem Ziel, Grundfiguren und Wandlungstrends auszumachen und sie perspektivisch zu durchdenken. Wie werde ich vorgehen?

Dem Einstieg zur Problemlage aus besonders berufenem Munde (I) folgen markante Innovationsansätze aus dem späten 20. Jahrhundert und dem Jahrzehnt darüber hinaus. Sie alle zielen aufs Millennium als Ganzheit ab, wenn auch von verschiedenen Ausgangspunkten. (II) Dann geht es um Fortspinnungen dieser Initiativen bis hin zur aktuellen Situation – seien sie globalifizierend modelliert oder auf

5 Der Niedergang des marxistisch-leninistischen Dogmas von Feudalismus als welthistorischer Pauschalkategorie seit den 1990er-Jahren wird hier nicht einbezogen. Vgl. dazu Ludolf Kuchenbuch, *Marx, feudal. Beiträge zur Gegenwart des Feudalismus in der Geschichtswissenschaft 1975-2021*, Berlin 2022, Beiträge 1 und 2.

6 Diese Beschränkung – ohne mediävistische Diskussionsbeiträge mit nord-, ost- und südeuropäischem Stand- und Gesichtspunkten – gründet in meiner begrenzten Kompetenz ebenso wie im aktuellen Aufklärungszweck für das deutschkundige Fachpublikum. Ein Pragmatismus, dessen Risiken ich auf mich nehme.

den Okzident konzentriert. (III) All dies ist als Bericht in Form einer Revue von Gesamtdarstellungen, von markanten Einzelpositionen her aufzuziehen, ohne abzudriften ins Dickicht laufender Detailkontroversen und Sondervoten. Die Porträts der rund 40 Beiträge werden mit der Annäherung zur Gegenwart allmählich ausführlicher. Darauf folgt eine vergleichende Charakterisierung der Gesamtpositionen oder sie leitender Aspekte. (IV) Abschließend wage ich ein persönliches Votum über den künftigen Umgang mit den so verschiedenen *middle ages* bzw. Millennien. (V)

1. Ein radikaler Zwischenruf: Abstraktionsverzicht und Fallaufklärung

Vor 20 Jahren brachte der Philosoph Kurt Flasch (Bochum) den *status questionis* zum Mittelalter als Epoche auf folgenden Punkt: *Der Begriff der Epoche hatte seine Zeit, seine Zeit ist um.*[7] 500 Jahre Geltungs- und Bestreitungs-Auf-und-Ab über den Titel für die Zeiten zwischen Antike und Moderne seien genug. Alles bisherige Abgrenzen, Aufteilen, Charakterisieren und Definieren habe stets zur Enthistorisierung und Enträumlichung geführt – ein endloser Disput über labile Abstraktionen. Man solle in Forschung und Darstellung endlich auf nominalistischen Wesenshickhack über eingepferchte Zeiten verzichten.

Natürlich konnte Flasch nicht damit rechnen, dass derlei Ächtung beider Schlüsselwörter allgemein durchsetzbar wäre. Das hatten schon zu viele Vorgänger mit x Argumenten versucht. Realistischer hoffte er auf *mehr sprachliche Distanz und sachliche Kritik*. In diesem doppelten Sinne solle man sich verlässlich überlieferten und datierten, sektoral und regional begrenzten Situationen widmen, ohne diese dann zwanghaft festen Typen und Zeitaltermarkern zu subsumieren. Die Devise müsse sein, sich *unterhalb der Abstraktionen von Epochen* zu bewegen. Dabei komme es nicht auf Kausalitäten, sondern Wechselwirkungen an. So – und mit Boccaccio im Gepäck – könne man sich heiter vom Mittelalter als ebenso ideologisch abgewirtschafteter wie institutionell verkarsteter Dazwischenzeit verabschieden.

7 Kurt Flasch, *Epoche*, in: ders., *Historische Philosophie. Beschreibung einer Denkart*, Frankfurt 2003.

Als brillant erweist sich diese Einstellung dann in seinem Buch über *Kampfplätze der Philosophie* von 2008.[8] Flasch bietet mit ihm kein erzähltes Epochenporträt, sondern *Einblicke* in Problemlagen und deren Lösungen. Jeder der gewählten 20 Streitfälle markiert einen für die Kontrahenten riskanten Wendepunkt im aktuellen Denken. Es ging um nichts Geringeres als schriftförmige Wahrheitskämpfe über Natur oder Gnade, Sünde oder Freiheit, über die Eucharistie als Ding oder Zeichen, über Gottesstaat oder irdischen Frieden, über Menschenwürde oder Allmachtstheologie, Empirie oder Metaphysik – und stets gab es Gewinner und Verlierer.

Man beachte aber den Zeitbezug im Untertitel des Buchs: *Große Kontroversen von Augustin bis Voltaire*. Kein kurzes Mittelalter! Flasch meint ein langes Millennium von 400 bis 1750. Zur soziokulturellen Charakterisierung und zeiträumlichen Abgrenzung reichen ihm die Prädikate *christlich* und *alteuropäisch*. Also doch eine Wesens-Epoche? Nein. Flasch bewegt sich zwar chronologisch *in* diesem Zeitraum, bietet aber keine fortlaufende Erzählung *über* ihn, kein Epochenporträt, keine ›ganze‹ Geschichte, keine Trenddiagnose. Vielmehr sucht er Denksituationen auf, wo latente Spannungen aufbrachen, die Lösungen erzwangen. Mehr nicht. Flaschs Doppeldevise für künftige Geschichtsarbeit (nicht nur die philosophische): Man betreibe exemplarische Fallaufklärung und verzichte auf zeiträumliche Abstraktion.

8 Kurt Flasch, *Kampfplätze der Philosophie. Große Kontroversen von Augustin bis Voltaire*, Frankfurt 2008.

2. Differenzierung und Relativierung des Okzidents[9] vor und nach 2000

L'Ocident médiéval und longue durée

Jacques Le Goff († 2014) steht nicht nur für eine *postnationale*,[10] dezidiert okzidentale Haltung zum Mittelalter in der Nachfolge Marc Blochs, sondern er ist auch der viel zitierte Erfinder des ›langen‹ Mittelalters von 400 bis 1750 (1982 ff.). Noch in seinem testamentarischen Essay *Geschichte ohne Epochen?* hat er für die Beibehaltung des *Moyen Âge* als Schlüsselwort für die Zeit zwischen Antike und Moderne plädiert.[11] Die Begründung: Es habe seine *negative Bedeutung* als Gegenbegriff zur Moderne längst verloren, und so stünde es als neutraler Zeitrahmen pragmatischem Gebrauch offen.[12] Le Goff versteht ihn aber nicht nur ›lang‹, sondern auch explizit ›westlich‹. Seine Untergliederung des *Occident médiéval* in rückwärts orientierte Erneuerungen gilt der Abwehr der Renaissance und der Frühen Neuzeit (frz. Temps modernes) als eigenständigen Epochen. Das Kernmerkmal ist für ihn die Herrschaft der christlichen Ideologie und Kirche über die sozialen, wirt-

9 *Okzident* wird hier im rein räumlichen Sinne von West- und Mittel*europa* benutzt, *nicht* als Synonym zum *Abendland*. Vgl. hierzu Vanessa Conze, *Abendland*, in: EGO, Mainz 2012. URL: https://www.ieg-ego.eu/de/threads/crossroads/politische-raeume/vanessa-conze-abendland.

10 Diese horizonterweiternde Attitüde gilt mir hier als Abgrenzung von vorgängigen Bemühungen.

11 Zuletzt: Jacques Le Goff, *Geschichte ohne Epochen? Ein Essay*, Darmstadt 2016 (frz. 2014).

12 Eine Attitüde der französischen Mediävistik. Sie neigt deutlich weniger zur geschichtlichen Aufklärung von Schlüsselbegriffen und zur ideologiekritischen Selbstbefragung als die deutsche.

schaftlichen und mentalen Beziehungen. Le Goff, programmatischer Europäer – er verantwortete die große Buchreihe *Europa bauen* (2004ff.) –, besteht auf dem erinnerungskulturellen Orientierungswert der okzidental begrenzten Epochentrias. Nur noch andeuten konnte er, von welcher neuen langen Dauer die Moderne bestimmt werde – der Globalisierung.

Genauso ernst zu nehmen ist Le Goffs breit angelegtes Wirken als Anthropologe eines *anderen*, fremden Mittelalters mit zahlreichen Themen – Zeit, Traum, Fegefeuer, Geld usf. Die Anregungen seines frühen Großessays *Civilisation de l'Occident médiéval* (1964/1982) fanden im kollektiv erstellten *Dictionnaire raisonnée de l'Occident médiéval* von 1999 ihren beeindruckenden Höhepunkt. Es ist breit aufgefächert in 82 Kategorien – von *Âges de la vie* über *Dieu, Islam, miracle, raison* bis zu *violence*. Darunter, nicht zu vergessen, auch *féodalisme/féodalité*, immer noch der sozio-systemisch verstandene Platzhalter gegen das charakterblasse konventionelle *moyen âge*.

Formative Erweiterungen – politisch – religiös – sozial – politökonomisch

Ins Innovationsprofil dieser Jahre gehören vier ganz verschiedene Versuche, das Besondere am Mittelalter von dessen *Genese* her, gewissermaßen als poströmische Umbruchs- und Fortwirkungszeit, zu verstehen.[13]

Ernst Pitz (Berlin; † 2009) hat mit seiner überlieferungsgesättigten Ereignis- und Strukturerzählung über das erste christliche Halbjahrtausend eine ganz andere *longue durée*

13 Wer hierzu in die historiografische Tiefe und Breite gehen will, dem sei Ian Wood, *The Modern Origins of the Early Middle Ages*, Oxford 2013, empfohlen.

als Le Goff ins Spiel zu bringen versucht.[14] Nicht allein der Okzident, sondern die aus den beiden griechischen und römischen Teilreichen hervorgegangene *Dreiheit* der byzantinischen, muslimischen und okzidentalen *Kulturwelten und Großreiche* mache das *Weltsystem des Mittelalters* aus. Nur so ließe sich das europäische Mittelalter als Folgeeinheit des alten *zirkummediterranen Weltteils* verstehen und in einen *universalgeschichtlichen* Zusammenhang einordnen. Auch mit unterschwelliger epochenübergreifender Dauerwirkung! Denn selbst in der Gegenwart fänden sich noch Orientierungsbezüge auf diese spannungsgeladene Dreiheit.

Thematisch radikal anders ausgerichtet ist das Lebenswerk des Althistorikers Peter Brown (Oxford, Princeton). Seit über 50 Jahren – ein Dutzend viel beachteter und übersetzter Bücher zeugt davon[15] – hat er am Bild einer gedehnten Spätantike als langsamer und ungleichmäßiger, aber umfassend *revolutionärer* Transformationsperiode der polytheistischen Opferkultwelt in ein von trinitärem Monotheismus, Heiligenvielfalt, Reliquienkult, Jenseitsanteilnahme, Sündenbewusstsein, sexueller Askese und klerikaler Erlösungskompetenz geprägtes Christsein gearbeitet. Ihm gilt das frühe Europa (200-1000), atlantisch und mediterran, als offene Vielfalt von regionalen Christentümern – einschließlich weit gestreuter morgenländischer Ausformungen.

Der provokative Essay des Sozialanthropologen Jack Goody († 2015; Cambridge) über die *Entwicklung der Ehe und Familie in Europa* erschien bereits 1983.[16] Seine

14 Ernst Pitz, *Die griechisch-römische Ökumene und die drei Kulturen des Mittelalters. Geschichte der mediterranen Welt zwischen Atlantik und Indischem Ozean 270-812*, Berlin 2001.

15 Stellvertretend hier nur Peter Brown, *Die Entstehung des christlichen Europa*, München 1996 (engl. 1995 als *Divergent Christendoms: The Emergence of a Christian Europe, 200-1000*).

16 Berlin 1986 (engl. 1983); Reprise in *The European Family*, London 1999 (dt. 2002).

im impliziten Abgleich mit afrikanischen und eurasischen Ethnien entwickelten Thesen über Ausformung und Erfolg des westeuropäischen Verwandtschaftsmusters – Bilateralität von Abstammung und Filiation, Exogamie und Inzest, Monogamie; Kernfamilie und Haushalt; Taufe, Patenschaft, Witwenschaft; ideologische und hereditäre Dominanz der okzidentalen Kirche – sollten an Basisannahmen der herkömmlichen Mediävistik rütteln – und sie taten es mittelfristig, wenn auch gegen hinhaltenden Widerstand.[17]

Einen vier Jahrhunderten (400-800) geltenden politökonomischen Deutungsversuch verdankt man Chris Wickham (Oxford).[18] Sein Buch (2005) ist eine umfassende, Schrift- und Grabungszeugnisse gleichermaßen nutzende Inventur der Regionalgesellschaften (ohne jede Rangierung) im reichspolitisch insgesamt ›kopflosen‹ *Mare nostrum*. Dazu hat er seine mehrfach erprobte Methode der Kombination von *mode of production, type of society* und *power relations* durch die Integration der *peasant mode of production* spezifiziert. Der Gesamteindruck: ein Flickenteppich von lokalen Existenzweisen, überlagert bzw. durchdrungen von diversen Einkommensformen verschiedener Herren *(tax, rent, tribute, booty)*. Eine vorwiegend bäuerlich bestimmte Zeit also, die dann, schrittweise und regional unterschiedlich, durch das Erstarken der Herrenseite – sei sie polyarchisch tribal, monarchisch oder kirchlich – zum *Feudalismus* wird.

17 Michael Mitterauer, *Mittelalter*, in: Andreas Gestrich, Jens-Uwe Krause, Michael Mitterauer, *Geschichte der Familie*, Stuttgart 2003, S. 160-363; Bernhard Jussen, *Perspektiven der Verwandtschaftsforschung fünfundzwanzig Jahre nach Jack Goodys »Entwicklung von Ehe und Verwandtschaft in Europa«*, in: Karl-Heinz Spieß (Hg.), *Die Familie in der Geschichte des Mittelalters*, Ostfildern 2009, S. 275-324.

18 Chris Wickham, *Framing the Early Middle Ages. Europe and the Mediterranean, 400-800*, Oxford 2005.

Alteuropa – Kontrast oder Genese

Wenige Jahre vor seinem Tod (1985) hat der 1933 in die Emigration gezwungene, aber 1955 nach Deutschland zurückgekehrte Dietrich Gerhard in seinem souveränen Essay *Old Europe. 1000-1800*[19] eine Summe aus seinen Erfahrungen und Bemühungen gezogen. Ihre Maximen: Das knappe Jahrtausend ist als Einheit über die Reformation hinweg (1500) zu verstehen, und zwar länderübergreifend, aber abgegrenzt vom moskowitischen Osten, vom muslimischen Orient und von der überseeischen Expansion. Gerhards *Altes Europa* ist bestimmt vom spannungsgeladenen, komplementären Zusammenwirken zweier Ordnungsprinzipien bzw. Institutionen – den *Autoritäten* (Adel, König) und den *Assoziationen* (Stände, Stadt, Dorf), zusammengehalten und gestützt von den katholischen wie protestantischen Konfessionen. Eine auf Dauer gestellte Ordnung, die erst durch die Aufklärung infrage gestellt und durch die politischen und ökonomischen Revolutionen der Moderne abgelöst wird.

Gerhard stand nicht allein mit seiner Auffassung. Die Vorstellung einer Integration der vor-modernen Zeiten Europas zu einem *Alten Europa* datiert zurück in die 1950/60er-Jahre, als die mentale und intellektuelle Katastrophe sowohl der Mitläufer als auch der Gegner des Naziregimes eine Rückbesinnung auf die humaneren Zeiten Europas *vor* seiner ›Entgleisung‹ in Krieg und Rassenvernichtung nahelegte. Auf diese hochkomplexe Umorientierungslage ist hier nicht näher einzugehen. Unerlässlich ist allerdings der Hinweis auf die gewissermaßen parallele Rolle Otto Brunners bei

19 Dietrich Gerhard, *Old Europe. A Study in Continuity. 1000-1800*, New York 1981. Der Doppeltitel der deutschen Übersetzung (*Das Abendland, 800-1800. Ursprung und Gegenbild unserer Zeit*, Würzburg 1985) ist irreführend.

der Propagierung eines ›langen‹ *Alteuropa* zwischen Homer und Goethe als kompensatorischer Leitidee.[20] Ihr damaliger Erfolg, ablesbar an der häufigen Verwendung des Adjektivs *alteuropäisch* in vielen epochenbezüglichen Syntagmen, hat dann 1974 zur Gründung der *Zeitschrift für historische Forschung* geführt, der das *Alteuropa* als *Verständigungshypothese* für die Bemühung um die Integration von Spätmittelalter und Früher Neuzeit diente – und bis dato dient.[21] Allgemein durchsetzen konnte sich dieses das *Mittelalter* und die *Frühe Neuzeit* ›mediatisierende‹ Epochenetikett aber nicht.[22]

Immerhin erschien 2008 Peter Blickles *Summa* mit dem Titel *Das alte Europa. Vom Hochmittelalter bis zur Moderne.*[23] Blickle (Bern; gest. 2017), Brunner und Gerhard maßgeblich verpflichtet, gibt seinem auf vielfältigen eigenen Forschungen aufbauenden Gesamtbild einen ganz anderen Drall. Was er zum Haus und zur Gemeinde als Grundbausteinen des Zusammenlebens in allen Milieus, zum christusbezogenen Mitleiden der Gläubigen im Pfarreirahmen, zum ungehorsamen Befreiungsstreben aus der (Leib-)Eigenschaft und zur Rechtsfindungspraxis in den Regionen des erweiterten Okzidents beibringt, dient nicht der Abgrenzung, sondern soll als *Vermächtnis* an das moderne Europa

20 Die Forschung hierüber ist überbordend. Ich verweise nur auf die Arbeiten von Reinhard Blänkner.

21 Hierzu Barbara Stollberg-Rilinger, *Das Alteuropa-Konzept in der ›Zeitschrift für historische Forschung‹*, in: Jaser, Lotz-Heumann, Pohlig (Hg.), *Alteuropa* (wie Anm. 24), S. 47-58. Eine von ministeriellen kurrikularen Vorgaben und epochalen Lehrstuhlkonzepten freie Umsetzung ins Studium der *Ältereren Geschichte* der FernUniversität in Hagen (umgewidmet 2001 zu *Geschichte und Gegenwart Alteuropas*) bieten die 6- bzw. 9-bändigen Studienbriefe *Alteuropäische Literalität* und *Arbeit im vorindustriellen Europa*, Hagen 1987ff.

22 Ernst Hinrichs, *Alteuropa*, in: Enzyklopädie der Neuzeit, Bd. 1, Stuttgart 2005, Sp. 288-91.

23 München 2008.

verstanden werden, als ein im *Urgestein* der Gemeinwesen wurzelnder Drang zu fortschreitender Freiheitsgewinnung und Friedenserwirkung – als der *verschüttete bessere Weg zur Moderne*. Nicht der abgrenzende Kontrast, sondern die genetische Leistung regiert Blickles Alteuropa-Bild.

Bei dieser Positionierung sollte es aber nicht bleiben. Alteuropa blieb, verhalten, auf der Epochen-Agenda der *Vormoderne*-Forschung. In welche Richtungen sich die Diskussion über Nutzen und Grenze einer Alteuropa-Orientierung entwickelt hat und weiter entwickeln könnte, spiegelt die breit gefächerte Festgabe für Heinz Schilling von 2012.[24] Ein von seinen hemmenden Altelementen – Statik, strukturelle Harmonie, Eurozentrik, Nostalgie – befreites *Alteuropa*-Konzept, so die vorsichtige Devise der 20 beteiligten Autor*innen im Anschluss an den experimentierfreudigen Jubilar Schilling, habe mitnichten *ausgedient*, sondern besitze genügend *analytisches Potential*, um als eine Epochenchiffre zu nützen, die Konkurrenzkonzepte wie Mittelalter, frühe Neuzeit, Reformation, Renaissance, Sattelzeit überwölben, mindestens aber ergänzen könne. Dazu gehöre die Umkonzipierung in eine *Prozesskategorie*, die nicht teleologisch wirke, wenn sie auf *Evolution und Kontingenz* angelegt sei (Stollberg-Rilinger). Der ausführliche Fragenkatalog, mit dem die Herausgeber alle Beteiligten ausgestattet haben, hat zu einem beeindruckend breiten Fächer von Stellungnahmen geführt. Herausgehoben sei nur, wie er Wolfgang Reinhard motiviert hat, seine umfassenden Arbeiten zur euro-

24 Christian Jaser, Ute Lotz-Heumann, Matthias Pohlig (Hg.), *Alteuropa – Vormoderne – Neue Zeit. Epochen und Dynamiken der europäischen Geschichte (1200-1800)*, Berlin 2012. Vorausgegangen ist ein Bündel von Einzelforschungen zu Ehren von Rudolf Vierhaus: Hans Erich Bödeker, Ernst Hinrichs (Hg.), *Alteuropa – Ancien régime – frühe Neuzeit. Probleme und Methoden der Forschung*, Stuttgart-Bad Cannstatt 1991.

päischen *Eroberung der Welt* in einem epochenübergreifenden *geschichtspolitischen* Essay im Bezug auf Alteuropa zu durchdenken.[25]

Sonderweg

Nach intensiver Vorbereitung hat Michael Mitterauer († 2022; Wien), selbst erklärter Anhänger Brunners, mit seinem Buch *Warum Europa? Mittelalterliche Grundlagen eines Sonderwegs*[26] eine international diskutierte Hypothese zum epochenübergreifenden Stellenwert des europäischen Mittelalters erarbeitet. Sie folgt der immer noch fortglimmenden Frage Max Webers nach der *Verkettung der Umstände* für den Erfolgsweg des Okzidents in die säkularisierte, bürgerliche, kapitalistische Moderne. Der enorm angewachsene Kenntnisstand über das okzidentale Jahrtausend und seine Parallelkulturen gebot Mitterauer dies. Er hat dazu die Form eines *plurifaktoriellen Abgleichs* der typisch okzidentalen Kulturphänomene mit den Hochkulturen Asiens gewählt – Agrarproduktion, Grundherrschaft, Verwandtschaft/Familie, weltliche und kirchliche Machtformen, Expansivität, Massenkommunikation. Seine Darstellung ist nicht euro-identifikatorisch angelegt.[27] Er setzt sich vielmehr kritisch ab von jedwedem hegelianischen Eurozentrismus (etwa Hans Freyers *Weltgeschichte Europas*). Es geht ihm – *genealogisch*, nicht *teleologisch* – um die Voraussetzungen bzw. *Ermöglichungsbedingungen* der

25 Wolfgang Reinhard, *Alteuropa und neue Welten. Periodisierungsprobleme im Lichte einer Geschichte der europäischen Expansion*, in: Jaser, Lotz-Heumann, Pohlig (Hg.), *Alteuropa* (wie Anm. 24), S. 245-262.

26 München 2002.

27 Weiterführende Kritik: Ludolf Kuchenbuch, *Kontrastierter Okzident* (2006), in: Jürgen Osterhammel (Hg.), *Weltgeschichte*, Stuttgart 2008, S. 121-140.

Einmaligkeit des späteren, (früh-)neuzeitlichen Durchbruchs zur Welt-Moderne im Okzident. Seine breit angelegte Sondierung am Ende des Essays führt zu keiner einfachen Antwort. Er beobachtet wechselnde Kohärenzen der Faktoren, keine linearen Kausalitäten, erlaubt sich keine holistische Hypothese. Doch bringt er die dem Mittelalter inhärente Verweisdynamik der Basisfaktoren zum Vorschein – d. h. eine ›Okzidentalität‹, voller Potenzial zur Herausbildung, ja zum Umschlag in die Moderne. Das nahezu weltweite Echo des Buches erwies die fortwirkende Aktualität dieser europäisierenden Denkweise.

Passend anfügen lässt sich an dieser Stelle der Großessay *Das Mittelalter. Geschichte und Kultur* von Johannes Fried (Frankfurt). Der letzte Absatz des Buches lautet, explizit gemünzt auf Mitterauers Hypothese:

> Die geistige und kulturelle Einheit Europas, die Einheit der vielen Königreiche und Nationen, sah sich im Mittelalter grundgelegt. ... Dieses Mittelalter war in eminentem Maße schöpferisch. Es entdeckte und betrat den Weg in die Welt; es war Aufbruch und Fortschreiten zur Moderne.[28]

Fried hat, seine innovativen Forschungen zum divisionsgeleiteten Denkstil, zur Ausdehnung und Differenzierung des trivialen und quadrivialen Wissens, zur geistigen Bewältigung der Endzeiterwartungen und zur Rationalisierung der Herrschaftsformen und Machtspannungen integrierend, das europäische Mittelalter als ein durchgehend horizonterweiterndes Jahrtausend der Entfaltung der Wissens- und Vernunftskultur im Rahmen der agonalen Verwirrspiele und Hegemonialkonflikte der kirchlichen

28 München 2009; S. 558.

und weltlichen Mächte geschildert. Seine nicht nur reich bebilderte, sondern auch bildreich formulierte Darstellung ist zentriert um wirkmächtige Denker und Lenker wie Boethius, Abaelard und Ockham, Karl den Großen, Innozenz III. und Karl IV. Seiner umsichtigen Durcherzählung des Jahrtausends am Doppelleitfaden von Machtdynamik und Vernunftdruck hat er einen bemerkenswerten Epilog – *Finsteres Mittelalter?* – hinzugefügt. Dort greift er die so folgenreiche polemische Verkennung der *mittleren Zeiten* durch die Aufklärung, insbesondere Immanuel Kant, auf, um seiner Leserschaft, sollte sie immer noch vom Nachhall dieser Diskriminierung zehren, die imponierende Reihe der Horizonterweiterungen, Wissensgewinne, Techniknnovationen, Wirtschaftsakkumulationen, Glaubenserschütterungen und Herrschaftsbändigungen vorzubuchstabieren, die den Weg in die westliche Moderne ebneten.

Extern oder intern bestimmte Transformation

Deutlich anders angelegt sind Vorleistungen, die sich der großen *transition debate* vom Feudalismus zum Kapitalismus der 70er- und Anfang der 80er-Jahre verdanken. Unter den empirischen Ausarbeitungen der sich heftig befehdenden Positionen – Agrar-, Handels- oder Industriekapital als Motor der ursprünglichen Akkumulation zunächst nur im Westen, dann schrittweise weltweit – hat sich der groß angelegte Erklärungsversuch von Immanuel Wallerstein († 2019; New York) als der tragfähigste erwiesen.[29] Seine von Fernand Braudel übernommene *wirt-*

29 *Das moderne Weltsystem – Die Anfänge kapitalistischer Landwirtschaft und die europäische Weltökonomie im 16. Jahrhundert*, Frankfurt 1986 (engl. 1974). Eine stärker auf die internen Dynamiken abhebende Adaption bei Hans Heinrich Nolte, *Die Eine Welt*, Hannover 1982.

schaftsräumliche Sichtweise erlaubte die Konstruktion eines zunehmend globalen *Weltsystems* merkantiler Strukturen, die, maßgeblich politisch geschürt und geschützt, die verschiedensten Wirtschaftsweisen weltweit – im Zentrum, Peripherien und Semiperipherien – durch je eigene Aneignungsformen (Tribut, Raub, Steuer, Sklavenarbeit) profitabel an sich zu binden vermochten. Der mittelalterliche Okzident, insbesondere der spätere (15.-17. Jh.), gilt Wallerstein dabei als ein notwendiges *Vorspiel*, geprägt vom rentenbasierten Feudalsystem plus lokalem Märkteverkehr und weiträumigem Luxusgüterhandel mit hohem Profit. Er nennt dies eine *europäische Weltwirtschaft*, die sich zeitweilig zu protokapitalistischen Stadtrepubliken hochgeschraubt habe. Aus der Strukturkrise dieses dennoch weiterhin feudalen Konglomerats (1450-1550) folgten dann die erstmals irreversiblen Expansionen, die die Beschränkungen bzw. Grenzen der Weltökonomie des Okzidents durchbrachen und zum kapitalistischen *Weltsystem* führten.

Die Auseinandersetzungen mit diesem komplexen Erklärungsmuster dominierten den Fortgang der Debatte über die Rolle des Okzidents für Jahrzehnte. Nur an zwei Beiträge sei hier erinnert. Eminenten Einfluss hat die US-amerikanische Soziologin Janet Abu-Lughod († 2013; New York) mit ihrer die Handelsmetropolen Eurasiens vergleichenden Studie (1989) ausgeübt, dergestalt, dass sich bereits um 1300 ein *Welthandelssystem* entwickelt habe, bestehend aus drei großen, die Macht- und Glaubensräume übergreifenden Wirtschaftskreisen – dem *Euromediterraneum*, dem *Nahen* und dem *Fernen Osten*. Sie waren wiederum untergliedert in acht durch Routen zu Land und See miteinander verflochtene Subsysteme, jedes profiliert durch die Überschuss-Vermarktung von regionalen manufakturellen Gütern in urbanen Knotenpunkten.[30] Das westeuropäische Subsystem (Brügge, Troyes, Genua, Venedig) habe dabei eine nur marginale Rolle gespielt. Dieses von reisenden Kaufleuten verschiedenster Herkunft und kultureller Prägung getragene Welthandelsnetz korrodierte jedoch infolge der Pest und politischer Verwerfungen seit 1350. Abu-Lughods Buch erschien zur rechten Zeit. Für postnationale, postkoloniale und europaskeptische Dekonstruktionsperspektiven wirkte es wie ein Joker. Es motivierte die innerfachliche Kritik eurozentrischer Attitüden, besonders die Neigung, das okzidentale Wissen zu überschätzen, und stattdessen seine eurasische Tinktur zu würdigen, überregionale Verflechtungen in allen Lebensbereichen nachzuweisen. In einem Wort: zu ›globalisieren‹.

In mehreren Beiträgen habe ich mich 1978 und 1982 für eine stärkere Gewichtung der großräumigen tellurisch-klimatischen Lebensbedingungen, der Produktivität und der *Resilienz* der bäuerlichen Familienwirtschaften im langen feudalen Okzident ausgesprochen.[31] Es war ein Plädoyer für die Flexibilität der agrarischen Basis als Rückgrat der rentenförmigen Aneignungen, der marktförmigen Verteilungen und der Verausgabungen geistlicher und weltlicher/urbaner Herren. Im Schwange war in den 70ern hierzu das Attribut *vorindustriell* für epochale oder langfristige sozioökonomische Sichtweisen im Grobkon-

30 Janet L. Abu-Lughod, *Before European Hegemony. The World System A.D. 1250-1350*, New York; Oxford 1989; dies., *Das Weltsystem im 13. Jahrhundert. Sackgasse oder Wegweiser?*, in: Peter Feldbauer, Gottfried Liedl, John Morissey (Hg.), *Vom Mittelmeer zum Atlantik. Die mittelalterlichen Anfänge der europäischen Expansion*, Wien; München 2001, S. 11-35.

31 Kuchenbuch, *Marx, feudal* (wie Anm. 5), Beitrag 7. Zum tellurisch-klimatischen Rahmen: Beitrag 6, zur konjunkturellen Binnenperiodisierung des okzidentalen Feudalismus im Anschluss an Pierre Vilar: Beitrag 8 (1978).

trast zum modernen Industriesystem. Insofern war das *vorindustrielle Europa* als Leitbegriff zeitkonform. Mit meiner internalistischen Sicht (im Gegensatz zu den handelsorientierten Externalisten) war auch eine ›europäisierende‹ Absetzung von generalisierenden Positionen in der Debatte über die *peasant mode of production* verbunden. Meine Position fand kein merkliches Echo.

Anthropologisierung

Im Widerstand gegen den politökonomischen Determinismus und begrifflichen Modernismus der Feudalismus-Debatte der 70er-Jahre hat sich der Le Goff-Schüler Alain Guerreau (Paris, CNRS) 1980 mit einem streng anthropologisch orientierten Konzept zu Wort gemeldet, das wegen seiner radikal anderen Ausrichtung jahrzehntelang kaum Widerhall fand.[32] Sein *schéma rationnel du fonctionnement-évolution de l'Europe féodal* bzw. *médiéval* besteht in folgenden Grundhypothesen. Das feudale *système social* bezieht sich ausschließlich auf den Okzident. Es entsteht gegen 400 abrupt und endet ebenso abrupt im 17. Jahrhundert. Charakteristisch für seine soziale *Logik* sind zwei Herrschaftsbeziehungen, eine faktuelle und eine ideologische. Guerreau nennt sie latinisierend *dominium* und *ecclesia*. Erstere meint die Kontrolle über den Boden, über die ihn nutzenden abhängigen Leute *(servitus)* und die Aneignung von deren Arbeitsresultaten. *Ecclesia* hingegen versteht Guerreau *als* eine umfassende soziale Abstraktion feudaler *représentation*, die auf Seele und Leib jedes Christen in Diesseits und Jenseits zielt. Das *soziale Gesamtprofil* ist bestimmt von der hegemonialen Position und Rolle der *ecclesia* als einziger dauerhafter *Institution* (im Gegensatz

32 Alain Guerreau, *Le féodalisme. Un horizon théorique*, Paris 1980.

zur instabilen Lebensweise weltlicher Mächte), und zwar in vierfacher Hinsicht: als Dogma (Trinität, Erbsünde, Endgericht), als gebauter unverrückbarer Ort für die heiligen Mittler (Reliquien) und für die sakramentalen Riten (Taufe, Ehe, Eucharistie), als mit Offenbarungswissen und Erlösungskompetenz ausgestatteter Klerus sowie als lokale und universale Gemeinde der Gläubigen. Als vorwaltendes Prinzip der primärsozialen (Re-)Produktion erkennt Guerreau ein durch entgrenzte Breite und begrenzte Tiefe ausgezeichnetes *Verwandtschaftsgebaren* – bilaterale Abstammung, exogame Monogamie, gekoppelt mit durch Taufe, Heirat und Totensorge hergestellten Paten- und Freundschaften. Schließlich: Eroberungen, Missionen, Kolonisationen machen zusammen die expansive Dynamik *(conquête)* des feudalen Europa aus.

Bis heute haben Alain Guerreau und Anita Guerreau-Jalabert (Paris, CNRS) die Grundelemente dieses umfassenden Entwurfs Schritt für Schritt ausgearbeitet.[33] Auf mehreren Wegen: Zum einen haben sie das Leitvokabular der *common sense*-Mediävistik (Raum; Ökonomie, Tausch, Markt, Geld; Religion, Kirche; Staat, Politik; Mensch, Ehe, Familie, Verwandtschaft) durch ideen- und begriffsgeschichtliche Kritik als untauglich für das Verständnis des Eigensinns mittellateinischer bzw. vernakulärer Schlüsselvokabeln und Basisstrukturen kritisiert. Im Gegenzug haben sie an einer Semantik *mittellateinischer Schlüsselbegriffe* gearbeitet, sowohl im Wege kritischer Lexikografie als auch durch angepasste Nutzung korpuslinguistischer Methoden von neuerlich zunehmend verfügbaren umfassenden Text-Digitalisaten (Vulgata, Werke lateinchristlicher Autoren – MIGNE PL, Urkunden, Rechtsdokumente). Ziel

33 Guerreaus programmatische Zwischenbilanz, *L'Avenir d'un passé incertain. Quelle histoire du Moyen Âge au XXIe siècle?*, Paris 2001.

sind die Häufigkeit und Verteilung von Einzelwörtern und die Faktorenanalyse von sinnbenachbarten Wortgruppen im Latein der Zeit. Dieses semantische Großprojekt ist insofern periodisierungsrelevant, als damit der überlieferte geistige Ausdrucksraum des Jahrtausends, das kirchliche Schriftlatein, zum Gesamtindex und Universalschlüssel der Sinnermittlung, zum medialen Joker im Epochalisierungsbemühen aufsteigt. Ein schwer überschätzbares künftiges Abgrenzungsmedium, worauf zurückzukommen sein wird. Das ist das eine.

Das andere: Das Ehepaar Guerreau hat inzwischen seine *ecclesia*-Hypothese zum differenzierten Repräsentations*system* ausgebaut. Dazu gehören

- die christlich modifizierte Adaption des antiken Weltwissens,
- die dogmatischen Grundgewissheiten – wie die Position und Struktur Gottes außerhalb und innerhalb von Raum und Zeit, und die leibliche Wiederauferstehung aller Menschen,
- die Taufe als 2. Geburt,
- die Messe als Erinnerungsritual des Erlösungsopfers Christi,
- die im Altar geborgenen Reliquien als omnipräsente Vermittler zwischen dem sündigen und leidenden Menschen und der Linderungs- und Lösungskraft Christi,
- die Lokalisierung der Heilsverwaltung in Diözese und Pfarrei, ihre Kontrolle durch den Bischof,
- die geistige Bewältigung des wirren und agonalen Lebens durch duale (binome) Denk- und Wertungsgebilde und deren rangierende Zuordnungen: Gott – Mensch, Himmel – Erde, gut – böse, heilig – profan, *caro* – *spiritus*, *interior* – *exterior*, *ordo* – *confusio* – ein spezifischer ›analogischer Denkstil‹.

Das dritte: die Herausstellung einer dritten, *dominium* und *ecclesia* integrierenden Verhaltensnorm: der *caritas (dilectio, amor, misericordia, elemosina)*, durch die die diabolischen Störungen der Beziehungen zu Gott und zueinander in gutem Zaum gehalten werden (sollen). Diese langjährigen Bemühungen dürften in Kürze feste Gestalt annehmen.[34]

Angelehnt an dieses Theoriegebäude hat Didier Méhu (Québec) unter dem Titel *Gratia Dei – Les chemins du Moyen Âge* einen Begleitband zur gleichnamigen Ausstellung im Musée de la civilisation in Québec (2003/4) sowie im Westfälischen Landesmuseum für Kunst und Kulturgeschichte in Münster vorgelegt.[35] In fünf Kapiteln – Raum und Zeit, Land und Bauern, Stadt und Kaufleute, Autoritäten, Wissen und Kommunikation – werden die Sachfelder des Jahrtausends im auf große Leserkreise zugeschnittenen Stil dargestellt. Das Besondere daran ist die ausgesprochen enge, präzise kommentierende Verschränkung aller stets treffend titulierten Kurztexte mit zahlreichen Abbildungen von oft wenig bekannten Bildwerken, Schriftzeugnissen, Zeichnungen, Karten, Fotos, religiösen und profanen Sachrelikten. So entsteht die suggestiv präsentierte Einheit einer *extrem schöpferischen* Epoche, *die ihren eigenen Gesetzen gehorcht* und *die häufig befremdlich, wenn nicht sogar fremd* erscheint.

Um die Jahrtausendwende habe ich eine Einladung, den Beitrag über das Mittelalter als historischen Schlüsselbegriff

34 Ich beziehe mich hier auf ein Großmanuskript Guerreaus von 2024: *L'Europe occidentale médiévale. Logique et dynamique. Une tentative*, dessen Buchform in Bälde zu erwarten ist. Ebenso die umfassende Monografie zur *Parenté médiévale* von Anita Guerreau-Jalabert.

35 Québec 2003. Nahezu parallel erschien die auf breite Wirkung angelegte deutsche Übersetzung unter dem Titel *Gratia Dei. Das Leben im Mittelalter*, Freiburg 2004.

für das *Handbuch der Kulturwissenschaften* zu verfassen, zu einer theoretischen Revision meiner seit 1977 akkumulierten Erfahrungen und meiner Hinwendung zur *Historischen* Anthroplogie genutzt.[36] Sie lief auf folgende ›Entmodernisierungen‹ hinaus: Die Basis-Überbau-Dichotomie, ebenso die Trennung zwischen Ökonomie und Ideologie habe ich aufgehoben, den modernen Produktionsbegriff durch das lateinische Wortquintett von *labor, opus, ars, merces* und *servitium* ersetzt, den Herrschaftsbegriff zur Palette politischer Machtbeziehungen differenziert, das generalisierte Entwicklungsmodell der säkularen Konjunktur (und Krise) zugunsten regionaler Wandlungen mit wichtigen Schwerpunktverschiebungen aufgegeben. Dagegen habe ich unter dem Titel *christlich-feudaler Okzident* ein viergliedriges Epochenprofil gesetzt, bestehend aus vier lateinischen Leitkategorien: Kirche *(ecclesia)* – Mächte *(potestas)* – Werke (*opera* – Arbeit und Mehrarbeit) – Erneuerung *(renovatio)*. Die drei ersteren sind wie durchsichtige Folien zu verstehen, die sich, übereinander gelegt, zum System fügen. Mit der Latinität der Schlüsselwörter soll sowohl Distanz zur Gegenwart bewirkt als auch auf die epochenspezifische Kodierung der sozialen Beziehungen hingewiesen werden. Die Herausstellung der *ecclesia* als einziger *Institution*, die alles Gesellschaftliche ideell und materiell zu durchwirken und zu integrieren sucht, ist die auffälligste konzeptionelle Veränderung. Sie verdanke ich der Zusammenarbeit mit Alain Guerreau und Anita Guerreau-Jalabert im Rahmen

36 Ludolf Kuchenbuch, *Mediävalismus und Okzidentalistik. Die erinnerungskulturellen Funktionen des Mittelalters und das Epochenprofil des christlich-feudalen Okzidents*, in: Friedrich Jaeger, Burkhard Liebsch (Hg.), *Handbuch der Kulturwissenschaften*, Bd. 1: *Grundlagen und Schlüsselbegriffe*, Stuttgart; Weimar 2004, S. 490-505; Wiederabdruck: *Marx, feudal* (wie Anm. 5), Beitrag 11 (2004). Dazu auch der Beitrag 10 (2002), eine Historik der Feudalismusforschung in Thesenform.

der Anthropologisierung meiner Arbeit seit den 1990er-Jahren. Der Abschnitt Mächte *(potestas, dominium)* fußt auf neuen Forschungen zur Verschränktheit, Schichtung und Rivalität prästaatlicher Beziehungen, zur Logik und Sprache der Aneignungsformen und zum Doppelcharakter der christlichen und seigneurialen Knechtschaft *(servitus)*. In die Werke *(opera)* ist nicht nur alles ›bäuerlich Rurale‹ eingegangen, sondern sie sind zum Gesamtfeld der Unterhaltshandlungen (inklusive Gewerbe) ausgebaut sowie um seine soziotope Ausdifferenzierung – Dorf, Stadt, Bergbau, Residenzen – ergänzt. Reform *(renovatio)* schließlich steht für den meist expansiven, aber auch schrumpfenden Systemwandel, ummantelt von der Rechtfertigungsfigur der rückwärts gewandten Erneuerung *(renovatio)*, die im Wechsel zwischen (dem Rad) der *fortuna* und der Providenz Gottes erlebt wird.

Zeitlich zusammen mit meinen Bemühungen fallen weitere anthropologisierende Gesamtdarstellungen aus Frankreich.

Joseph Morsel (Paris; Sorbonne) handelt in seinem großen Essay *L'Aristocratie médiévale. La domination sociale en Occident (Ve-XVe siècle)*[37] sein Sujet nicht in standeszentrierter Engfügung ab, sondern wagt eine Gesamtsicht auf Form, Funktion und Transformation der Herrschaftsverhältnisse im lateinchristlichen Okzident. Der (nicht mittelalterliche) Leitbegriff *(terme global)* der *Aristocratie* erlaubt ihm zweierlei: Einerseits Abstand zu halten vom Wirrwar der sowohl in Dokumenten überlieferten als auch in der national geprägten Forschung kursierenden ›Adels‹-Wörter/Begriffe. Andererseits kommt das ganze, vertikal und lateral differenzierte Kompositum aristokratischer

37 Paris 2004; das Folgende im Anschluss an meine ausführliche Rezension in HSozKult 3/2006.

Phänomene in Land und Stadt (interne Rang-, Status-, Besitz- und Dienstunterschiede) zum Tragen. Für Morsel ist die Welt der Mächtigen jedoch nur als Beziehung auf die Beherrschten denkbar. So sind diese durchgehend präsent bei den langfristigen Metamorphosen der Aristokratie vom 5. bis zum 15. Jahrhundert. Morsel hat sie zu Großetappen zu mehreren Jahrhunderten gebündelt (5.-7., 8.-9., 10.-13., 14.-15. Jh.) und so die herkömmliche Binnengliederung (Früh-, Hoch-, Spät-Mittelalter) vermieden, zugleich – im Le Goff'schen Sinne – ihr Fortdauern bis ins 18. Jahrhundert offen gelassen. Die Betitelungen der Etappen sind stets zweiförmig *(binôme)* gefasst, um sie als Spannungsbeziehung auf den Punkt zu bringen: *sénateurs et guerriers, maîtres et fidèles, châtelains et chevaliers, prêtres et hommes d'armes, seigneurs et vilains, nobles et bourgeois, princes et gentilhommes*. Besonders einschlägig schließlich für unser Thema ist Morsels Raumkonzept. Ausgehend vom romverbundenen, großfränkischen Formationsraum erweitert und transformiert sich der christliche Okzident fortschreitend, in mehreren konzentrischen Erweiterungen, zur einer *zonation hétérogène, mais structurée.* Keine ihrer Regionen wird in der Darstellung beispielgebend überbelichtet. Damit ist das (lange) okzidentale Europa als werdendes, sich expansiv wandelndes sozialräumliches Gebilde ernst genommen – Raum und Zeit sind zum Vorgang integriert.

Wenig später hat Morsel in einer Streitschrift diese Auffassung in ausführlicher kritischer Auseinandersetzung mit Mitterauers *Warum Europa*-Buch weiterentwickelt.[38] Man könne nicht von einem vom Zusammenwirken eines spezifischen Faktorenbündels bestimmten ›Sonderweg‹ spre-

38 Joseph Morsel, *L'Histoire (du Moyen Âge) est un sport de combat*, Paris 2007.

chen. Das sei eine *homogénéisation rétrospective*. Vielmehr gelte es, die *divergence de l'Occident* als eine werdende, offene, sich ausbreitetende Formation zu verstehen, stets lokal realisiert, aber unter der globalen Ägide der katholischen Kirche. Diese habe das überlieferte System der sozialen Reproduktion *(parenté charnelle)* schwächend durchwirkt – mittels Monogamie, Exogamie, Tauf- und Patenverwandtschaft, Verlagerung des Ahnenkults einerseits, durch kleinräumliche Bindungen (Dorf- bzw. Stadt-Gemeinden, Pfarreien, Genossen- und Bruderschaften) andererseits. Diese Vorgänge bündelte er zur polemischen Doppelthese einer *deparentalisation* und *spatialisation* des sozialen Systems als *spécificité du développement européen*.

Deutlich anders aufgezogen ist die Gesamtdarstellung der *Civilisation féodale* von Jérôme Baschet (2004; Paris/San Cristobal), eine *der* Forschungsautoritäten für die Bild- und Figurenwelten des Okzidents.[39] Sein Buch ist programmatisch an dem frühen Großessay seines Lehrers Le Goff von 1964 orientiert: *Civilisation* gilt als Begriff für die Gesamtkultur, *féodale* als deren systemische Originalität. Zudem geht er von Le Goffs langem Jahrtausend aus.

All dies mit spezifischem Bedacht. Baschet lebt und lehrt in der seit 1994 staatlich abtrünnigen Provinz Chiapas in Südmexiko. Sein Buch ist aus Vorlesungen an der Universität in San Cristobal de Las Casas hervorgegangen. Um seinem Publikum eine integrative Sicht auf die langfristigen Entwicklungen Lateinamerikas seit der spanisch-katholischen Kolonisation zu vermitteln, musste er aufs historische Ganze sehen. Auch wenn er von einer Kompilation spricht – sein Buch ist ein kohärenter Gesamtentwurf, dessen Grundeinsichten für die Diskussion der Mittelalter-

39 Jérôme Baschet, *La Civilisation féodale de l'An mil à la Colonisation de l'Amérique*, Paris 2004 (ital. 2005, brasil. 2006).

Frage wertvoll sind. Auch das prompte weite Echo des Buches in der romanischen und amerikanischen Lesewelt spricht dafür.

Zum Bau des Buches. Teil I – *Formation et Essor de la Chrétienté féodale* – ist ein geraffter Überblick über die strukturellen Entwicklungen des Okzidents von der Spätantike bis zur spanischen Eroberung Meso- und Südamerikas und der Etablierung der kastilischen Kolonie dort. Zweierlei ist charakteristisch. Zum einen entfaltet Baschet die hegemoniale Position und Rolle der Kirche im Okzident – dies im engen Anschluss an Guerreau und Bartlett. Zum anderen ergänzt er den expansiven Drang der sozialen Kräfte ins nördliche, südliche und östliche Europa – Stichwort Mediterraneum, Eurasien – durch die *atlantische* Expansion, die Eroberung und Domination Meso- und Südamerikas. Diese besteht für Baschet eben *nicht* in protoglobalen oder gar frühkapitalistischen Vernetzungen durch Fernhandel, kulturellen Austausch und religiöse Koexistenz bzw. Duldung, sondern – nach der brutalen militärischen Unterwerfung *(conquista)* – in einer vom spanischen ›Festland‹ kontrollierten Kombination von umfassender, rigider Katholizität und zuerst frondienstlicher, dann tributärer *Einkommensherrschaft (repartiniento/encomienda)*. Baschet nennt dieses koloniale Konglomerat *féodalisme tardif et dépendant*.

Teil II – *Structures fondamentales de la société médiévale/féodale* – besteht in einer detaillierten Entfaltung der repräsentativen Phänomene der Feudalgesellschaft: Zeitordnung, Raumorganisation, Trinitätsdogmatik, Logik des Heils, Leib und Seele der christlichen ›Person‹, Verwandtschaft als physische und symbolische Reproduktion, Expansion der Bildwelt. Hier konnte sich Baschet einerseits an die Forschungen von Anita Guerrau-Jalabert zur dynamischen Widersprüchlichkeit von erborener, erheirateter und paktierter Verwandtschaft und zum dualistisch-analogen Denkstil halten. Zum anderen haben ihn seine eigenen Bild-, Gebilde- und Gebäudeforschungen befähigt, die leitenden Bildideen der klerikalen Jenseits-Imaginationen sowie die Schürung und Steuerung der Sehsucht *(libido videndi)* und des Bildgehorsams der Gläubigen gebührend herauszustellen – ein unübersehbarer Appell, der Macht der Bilder im langen Millennium mehr Gewicht zu geben. Baschets Fazit: Europa setzt mit der euro-atlantischen Expansion und Inkorporation zum *Sturm auf die Welt an, nicht weil es den Kapitalismus, sondern weil es den Feudalismus erfunden hat.*[40]

40 Eine fortführende Ausarbeitung seiner These ist gerade erschienen: Jérôme Baschet, *Quand commence le capitalisme? De la Société féodale au Monde de l'Économie*, Paris 2024.

3. Die Globalifizierung und Provinzialisierung Europas und des Mittelalters im 21. Jahrhundert

Erst verspätet ist das in den 1990er-Jahren von den USA ausgegangene postuniversale *weltgeschichtliche* Denken in die deutschsprachige Mediävistik eingesickert. Die neue *globalifizierende* Sichtweise hat Jürgen Osterhammel (Konstanz) in seinen Bilanzen von 2008 und 2017 zu folgenden Maximen bzw. Denkfiguren geschürzt. Globalgeschichte beginnt nicht *ab ovo*, meint und erfasst nicht alles Gewesene, sondern trifft eine problemorientierte Auswahl. Sie will keine in aktive und passive Handlungsinstanzen sortierte Fortschrittserzählung sein. Sie denkt transkulturell und ethnologisch. Sie ist antizentrisch und will ohne Standpunkt auskommen. Sie bewegt sich in Grundfiguren der Expansion, Zirkulation, Verflechtung, Verdichtung Standardisierung, Universalisierung und Asymmetrie.[41] Die folgenden Beiträge bewegen sich im Rahmen dieser kompetenten Vorgaben, jeder auf andere Weise. Doch zeichnet sich eine klare Opposition zwischen Befürwortung oder Ablehnung des Fortgebrauchs des Mittelalters als Epoche ab. Ich beginne mit Befürwortungen.

A Rastloser interner Wandel

Sinnvoll einsetzen lässt sich hier mit dem 2016 erschienenen Großessay von Chris Wickham über *Medieval Europe*.

41 Jürgen Osterhammel (Hg.), *Weltgeschichte*, Stuttgart 2008. Ders., *Globalifizierung. Denkfiguren der neuen Welt*, in: ders., *Die Flughöhe der Adler. Historische Essays zur globalen Gegenwart*, München 2017, S. 42-53.

Er fand schnell breiten Anklang, auch in der deutschen Übersetzung.[42] Wickham nennt sein Buch *an interpretation* mit der Attitüde eines *new look*. Es liest sich wie eine konsequente Fortsetzung seiner Bemühungen von 2005 um die Erweiterung des Okzidents zum zirkummediterranen Großraum – einschließlich Byzanz und der islamischen Kalifate bzw. des Ottomanischen Reichs, ebenso aber auch des Nordens und Ostens! Ein ›Groß‹-Europa, das kaum auf einen einheitlichen Nenner *(neatness)* zu bringen ist, nicht einmal auf den seiner Christlichkeit. Das mittelalterliche Europa ist *too diverse*. Es ist *simply a large differentiated space, seen across a long time period*. Was den Historiker Wickham vor allem fasziniert, ist die eigene Wandlungskraft *(change, energy)* dieses Jahrtausends. Wickham will sie nicht wirkungsperspektivisch – sozusagen im Ergebnis-Blick auf die Moderne – verstanden wissen. Sie ist vielmehr *interesting in and for itself*. Diese Hypothese einer pausenlosen internen Transformation hat er in elf zeitlich folgenden bzw. sich überlappenden Kapiteln durchbuchstabiert, stets um vergleichende Gewichtungen der regionalen Ähnlichkeiten oder Unterschiede bemüht – ob in politischen, sozialen, wirtschaftlichen oder kulturellen Handlungsfeldern. Das Buch mündet in die These, dass die wichtigsten *changes* im späteren Mittelalter – Verdichtung lokaler Machtstrukturen, ausgeweitete Literalität, ausbalancierte wirtschaftliche Verhältnisse, wachsender staatlicher Binnendruck – zu mehr *engagement* im politischen und sozialen Leben im Ganzen führten. Aber wohin? Das sei eine andere Geschichte.

42 Chris Wickham, *Medieval Europe*, New Haven; London 2016 (dt. *Das Mittelalter. Europa von 500-1500*, Darmstadt 2022).

Europäisierung im Übergang zur Globalisierung

In den 1990er-Jahren hat eine Wiener Initiative und Kooperative mit der Kritik und Umdeutung der europäischen Grundorientierung ausgehend vom mittelalterlichen Jahrtausend begonnen – dank der Initiative von Peter Feldbauer,[43] der rasch Fachkolleg*innen hierfür gewinnen konnte. In wenigen Jahren verschob sich die Ausrichtung von der *Europäisierung der Welt* zur globalisierenden Dreiheit von *Expansion – Interaktion – Akkulturation*. In konstanter Folge erschienen und erscheinen diverse, den okzidentalen Raumhorizont zum Mediterraneum überschreitende Darstellungen, mit der deutlichen Tendenz, der Proto-Globalisierung Eurasiens mehr Beachtung zu schenken und den Wissenshorizont des geschichtsbewussten Publikums zu erweitern.[44] Thomas Ertl (damals Wien, ab 2018 Berlin) hat aus vorwiegend ökonomischer und kommunikativer Sicht, zuerst noch europäisierend, dann globalisierend viel zu diesen Bemühungen beigetragen, und tut es, obwohl neuerlich deutlich skeptischer geworden, weiter im Sinne eines reflektierteren Umgangs mit der Leitvorstellung einer vormodernen Globalgeschichte.[45]

43 Unverzichtbare Vermittlungsleistungen sind seine Bücher zur islamischen Welt: Peter Feldbauer, Gottfried Liedl, *Die islamische Welt 1000-1517. Wirtschaft. Gesellschaft. Staat*, Wien 2008; Feldbauer, *AT-TIGARA. Handel und Kaufmannskapital in der islamischen Welt des 7.-13. Jahrhunderts*, Wien 2019.

44 Peter Feldbauer, Bernd Hausberger, Jean-Paul Lehners, *Globalgeschichte. Die Welt 1000-2000*, in: Thomas Ertl, Michael Limburger (Hg.), *Die Welt 1250-1500*, Wien 2008.

45 Thomas Ertl, *Seide, Pfeffer und Kanonen. Globalisierung im Mittelalter*, Darmstadt 2008; ders. (Hg.), *Europas Aufstieg. Eine Spurensuche im späten Mittelalter*, Wien 2013; ders., Andrea Komlosy, Hans-Jürgen Puhle (Hg.), *Europa als Weltregion. Zentrum, Modell oder Provinz*, Wien 2014; jüngst, mit deutlicher Distanz zur euphorischen Überbewertung der handelskapitalistischen Vernetzungen: ders.,

Von der Binnenvielfalt Europas zur Globalität des Mittelalters

Die einflussreichen Arbeiten des Berliner Mediävisten Michael Borgolte, Herausgeber der Reihe *Europa im Mittelalter* (seit 1999), bilden so etwas wie eine Brücke zwischen den hier unterschiedenen Forschungsetappen. Ihm ist es in den vergangenen 20 Jahren um zwei Verschiebungen gegangen: zuerst um die Ersetzung der nationsgeschichtlichen Tradition zu einem Europa der Binnenvielfalt, dann um die Relativierung des Okzidents zu einem gleich geltenden Teil Eurasiens. Dabei hat er am Mittelalterbegriff als millenarem Zeitrahmen von 500-1500 festgehalten. Dies deshalb, weil ihm, unter Berufung auf Otto Gerhard Oexle, das Mittelalter als die der Moderne vorausgehende *historisch-universale* Epochenimagination gilt – eine unhintergehbare säkularisierende Erkenntnisleistung der Aufklärung, ohne die die Moderne in all ihren Ausformungen unverständlich bliebe.[46] Und, daraus folgend, weil er sie – im Sinne von Le Goff – gerade wegen ihres neutralisierten und vagen Inhalts für besonders geeignet hält für zeitadäquate Profilierungen. Sein Weg besteht aus vier Etappen verschiedener bzw. verschobener ›Europäisierungen‹.

2002 erschien im Rahmen des *Handbuchs der Geschichte Europas* (HGE), das laut Herausgeber Peter Blickle dem Verständnis der europäischen Integration dienen sollte, Borgoltes sachlich dichte Darstellung des zentralen Mittelalters.[47] Im Titel *Europa entdeckt seine Vielfalt* lebt zwar eine resthegelianisch anmutende Eurozentrik fort.

Streit ums Globale, in: Goetz (Hg.), *Kontroversen* (wie Anm. 3), S. 51-78.

46 Oexle, *Gegenwart* (wie Anm. 2).

47 Michael Borgolte, *Europa entdeckt seine Vielfalt 1050-1250*, Stuttgart 2002.

Aber eher metaphorisch, geht es in der Sache doch um das wachsende, sich imperial, monarchisch und fürstlich differenzierende Mächtekonglomerat des orthodox und muslimisch entgrenzten Lateineuropa, seine Wissensakkumulation, seine urban verdichteten Austauschketten und seine kirchliche, koloniale und merkantile Expansion über die Grenzen des *Orbis christianus* hinweg. Borgolte zeichnet einen kraft seiner Binnenpluralisierung dynamisch besitzergreifenden Ozident mit erstaunlicher Akkulturations-, Devianz- und Konfliktverträglichkeit! Verdichtung, Expansion und Diversifikation griffen ineinander.

Methodisch neu ist, wie Borgolte seinen Auftrag umgesetzt hat, eine Synthese in *europäischer* Perspektive zu schreiben – inspiriert von Marc Blochs Idee und Programm für eine *vergleichende Geschichte der europäischen Gesellschaften*, vorgetragen bereits 1928 auf dem Internationalen Historikerkongress in Oslo[48] – und im Sinne des von ihm 1998 gegründeten ›Instituts für vergleichende Geschichte Europas im Mittelalter‹. Der zweite Teil über die *europäischen Monarchien* ist konsequent in der Form des großräumigen Vergleichs der politischen Systeme aufgezogen, sei er kontrastierend (z.B. Byzanz – Deutsches Reich, England – Frankreich, Spanien – Skandinavien), anähnelnd (England – Frankreich, Wales – Irland – Schottland) oder abgleichend herausgehoben (römische Kirche). Was Borgolte dann im forschungsgeschichtlichen Teil anhand der Kette einschlägiger komparatistischer Leistungen erarbeitet hat (Teil 4), blieb für seine künftigen Arbeiten Richtschnur und Standard.

Vier Jahre später dann sein zweiter Schritt im Rahmen der repräsentativen *Geschichte Europas* des konsensuspolitisch

48 Peter Schöttler (Hg.), *Marc Bloch, Aus der Werkstatt des Historikers. Zur Theorie und Praxis der Geschichtswissenschaft*, Frankfurt; New York 2000, S. 122-159.

ausgerichteten Siedler Verlags. Der Obertitel *Christen, Juden, Muselmanen* war eine gezielte Provokation.[49] Bewegt von der *Rückkehr* der Religionen in die Welt- und Nationalpolitik, versucht Borgolte nun die Monotheismen Judentum, Christentum und Islam als tripartites *primum movens* im mediterran erweiterten postantiken Europa auszuweisen. Im ersten Teil des Buches zeichnet er – vergleichend – die eigenartigen Genesen der drei Glaubenssysteme samt ihrer Ausschließlichkeitsansprüche, ihrer jeweiligen Binnenspannungen (Teilung Rom-Byzanz, Observanzen, Sunniten-Schiiten), ihrer Ausbreitungswege und ihrer (zeitweiligen) gegenseitigen Duldung nach. Dann geht es um ihren Einfluss auf die großräumigen Machtballungen und ihrer Peripetien – Papstkirche, Imperien, Reiche/Kalifate, Siedlungsinseln. Zur Kardinalfrage, warum gerade die römische Kirche sich als am erfolgreichsten erwies, erörtert Borgolte ein ganzes Bündel von Eigenheiten und Umständen – den evangelischen Missionsauftrag, seine Umsetzung ausschließlich gegen Heiden, die Beteiligung der Laien daran sowie die Offenheit für glaubensfremdes Wissen. So wird sie mit zum Geburtshelfer des Okzidents. Insgesamt ein beherzter Abgesang auf den Okzident des exklusiv christlichen Eingottglaubens!

In seinem erst verspätet erschienenen Beitrag über die *Kontinentalisierung* Europas 600-1350 hat Borgolte, neue weltpolitische Erfahrungen und internationale Forschungen verarbeitend, seine Position erneut deutlich modifiziert. Der Leser bemerkt insgesamt eine methodische Verschiebung vom vergleichenden Verfahren zur Distanzen überwindenden Kommunikation und Vernetzung.

49 Michael Borgolte, *Christen, Juden, Muselmanen. Die Erben der Antike und der Aufstieg des Abendlandes*, München 2006.

Eingepasst in die globalifizierenden Vorgaben der Herausgeber der *Geschichte der Welt* (Akira Iriye/Jürgen Osterhammel/Daniel G. König), hat Borgolte Europa als gleich geltenden Teil der globalen Ökumene dargestellt.[50] Eingepasst in die sechs entscheidenden Schauplätze – d. h. die durch Isolation und Verflechtung geprägten beiden Amerikas, das islamische Commonwealth, das subsaharische Afrika, das islamische Indien, das östliche Eurasien – zeichnet er das Profil und den Wandel Lateineuropas als eine sich selbst überlassene, religiös tripartite, aber katholisch dominierte Weltregion voll inkonstanter Bewegungen, Verkettungen und Zuwächse – Landnahmen als Grundlage, das Muster dörflicher und urbaner Siedlungen, Märkteverkehr, Nachrichten- und Gütertransfers, Fernkaufmannschaft, Pilgerschaft, Verwandtschaftspolitik, Wissenserweiterung, klerikale Kultverwaltung, Untertanenkontrolle, Raub- und Kriegszüge im Innern und über die Grenzen hinaus und hinein. Noch stärker zusammengefasst: eine schrittweise Integration zu einem *Kontinent*, der zur fortgesetzten Expansion und Horizonterweiterung drängt. Die grenzüberschreitenden Vorgänge bestärken den Eindruck zunehmender Protoglobalisierung. Eine von rivalisierenden Monotheismen, großregionalen Machtverschiebungen sowie merkantilen und informationellen Verflechtungen unter Druck gehaltene Karriere vom Rand zum Epizentrum des Trikontinents. Was jedoch ›rhetorisch‹ fehlt: das Mittelalter als Dachbegriff. Das war wohl seitens der Herausgeber vorgegeben.

50 Michael Borgolte, *Die Kontinentalisierung Europas*, in: Daniel G. König (Hg.), *Geteilte Welten. 600-1350* (= Akira Iriye, Jürgen Osterhammel [Hg.], *Geschichte der Welt*, Bd. 2, München 2023), S. 331-461. Zur zeitlichen Einordnung: Seinen Beitrag, bereits 2007 vereinbart und 2012 fertig gestellt, hat B. – so seine freundliche Auskunft – zur verspäteten Veröffentlichung gründlich überarbeitet.

Gänzlich nach eigenen Vorstellungen modelliert ist Borgoltes vierte Schrift, die voluminöse Monografie von 2022: *Die Welten des Mittelalters. Globalgeschichte eines Jahrtausends.*[51] Zwei Grundentscheidungen kennzeichnen sie.

Erstens die Ablösung des Mittelalterbegriffs von Europa und seine Übertragung auf den gesamten Globus für das Jahrtausend von 500-1500. Dies im Wissen um Periodisierungstraditionen, die sich nicht auf eine Vor-Epoche berufen können, die der europäischen Antike analog wäre. Seine Begründung: Eine Einheitsbezeichnung könne das Verständnis der Globalisierung der Erde vor der Moderne maßgeblich befördern. Borgolte versteht nun unter Mittelalter den *einheitlichen Bezugsrahmen für interkulturelle Studien* globalen Zuschnitts, vorausgesetzt, er wird weder universal noch teleologisch, sondern säkular und ohne eine kulturelle Zentralperspektive verstanden und benutzt. Dabei hat Borgolte *die aktuelle Erfahrung einer realen oder mindestens möglichen Vernetzung aller Menschen durch Medien der Kommunikation, Austausch von Waren und persönliche Begegnung* geleitet.

Daraus folgte, zweitens, die sachliche Ausrichtung: die erstmalige Beschreibung der empirisch fasssbaren *Gesamtheit* der Kulturen der damaligen Erde! Im ersten Schritt hat er die Welt in kontinental oder insular geteilt: in isolierte, teilweise binnenvernetzte, also nicht globale Fremdwelten – in die beiden Amerikas, den Pazifik und Südafrika – und in das trikontinentale *Eufrasien*, dessen Darstellung den Löwenanteil ausmacht. Als Schlüsselkategorie dient die *Verknüpfung* bzw. *Kommunikation (Konnektion)*. Ihren Ausformungen geht Borgolte anhand der ihm aus seinen früheren Büchern vertrauten Ordnungsdimensionen nach. Zuerst die Kommunikationsräume der *Reiche*, so sein

51 München 2022.

Terminus für das vorwiegend monarchische Machthandeln – Afrika, Asien, Europa. Es folgen die Integrations- und Abgrenzungsleistungen durch *Religionen.* Zuerst die in Asien – Japan, Indien und China –, dann die Monotheismen Eufrasiens – das Judentum, die drei Christenheiten (und ihre Devianten), der Islam. Christen und Muslime erweisen sich dabei als Pioniere der Globalisierung. Schließlich, Abu-Lughods Konzept von 1989 weiterführend, folgt die Darstellung der Aus- und Fortbildungen der regionalen und kontinentalen Transfernetze – Waren, Sklaven, Geschenke, Steuern, Tribute, Raubgüter – auf Landrouten, Flüssen, entlang der Küsten. Den Westeuropäern gelingen dann Ende des 15. Jahrhunderts die das eufrasische Kommunikationsnetz durchbrechenden atlantischen Entdeckungen – eine neue Epoche. Welcher Art sie ist und wohin sie führt, steht nicht zur Debatte.

Damit endet die trikontinentale Globalgeschichte 500-1500. Alle Prüfgänge gewichtend spitzt Borgolte abschließend zu: Die eufrasische Integration im mittelalterlichen Jahrtausend war als Stiftung von Zusammenhängen vor allem ein Werk des Handels. Es war weder das Streben nach größeren Herrschaften noch das nach der Verbreitung religiöser Botschaften, sondern es waren die Interessen am Profit mit Handelsgütern aus der Ferne.

Inzwischen (2023) hat Borgolte den Ansatz und Ertrag seiner *Welten des Mittelalters* in einem Beck'schen *Wissen*-Bändchen, gekürzt um die Masse der Details und die Forschungsnachweise, zu verdeutlichen versucht. Für ihn ist die *Globalgeschichte des Mittelalters*[52] ein *neues Objekt historischen Verstehens*: das nachantike vormoderne Jahrtausend als *willkürlich geschnittenes Segment des zeitlichen Kontinuums*, aufgezogen als *Transgression* von Begrenzun-

52 So der Titel; München 2023.

gen der Religionen, der Reichsbildungen und – vorrangig – des Fernhandels im Trikontinent Eufrasien.

Über seine eigenen Arbeiten hinaus trug und trägt Borgolte als Leiter des Projekts *Das mittelalterliche Jahrtausend* der Berlin-Brandenburgischen Akademie der Wissenschaften mit jährlichen, dann veröffentlichten Vorträgen maßgeblich zur Diskussion über eine als *transdisziplinär und interkulturell verstandene Mittelalterkonzeption und -forschung* bei.

Kovivialität unter Andersgläubigen im mittleren Jahrtausend

Für unseren Zusammenhang sind hier die Arbeiten von Dorothea Weltecke (Berlin) von besonderem Belang.[53] In Welteckes Mittelalterkonzept, aus vielseitigen und breit gestreuten religionshistorischen Studien mit Schwerpunkt orientchristlicher Verhältnisse erwachsen, gilt ›Religion‹ als epochal signifikante, bislang strukturell unterschätzte Beziehungsform, als ein historisch neues umfassendes Bau- und Wirkungsprinzip innerhalb und zwischen den nicht nur nachrömischen, sondern auch nachsassanidischen Gesellschaften. Das Singuläre ihrer Komplexität erwächst aus der *Koexistenz* von drei rivalisierenden monotheistischen Glaubensweisen. Da diese über den Okzident hinaus im zirkummediterranen Süden und Osten bis nach Asien und Mittelafrika verbreitet werden und fortleben, bildet der ganze Westteil Eufrasiens (›Orient und Okzident‹) den

53 Dorothea Weltecke, *»End in tears«? Über religiöse Komplexität und das Ende des Mittelalters*, in: Annali dell'Istituto storico italigermanico in Trento 44, 2018/2, S. 121-154; dies., *Minderheiten und Mehrheiten. Erkundungen religiöser Komplexität im mittelalterlichen Afro-Eurasien*, Berlin; Boston 2020.

Schauplatz und Geltungsraum dieses Zeitalters. Der Okzident ist dabei zunächst Peripherie.

Weltecke beschreibt diese Konstellation als Wirkungszusammenhang folgender Phänomene: Gläubigsein bedeutet im *mittleren Jahrtausend*, sein Leben recht und fromm auf der Basis *einer* von drei Eingott-Loyalitäten und -Ergebenheiten zu führen und zu bewältigen. Mit dieser Zugehörigkeit ist, egal wo jemand lebt, stets ein sozialer Status verbunden, der durch die Art der lokalen Kopräsenz der Glaubensrichtungen determiniert ist – entweder ist der/die Gläubige Mitglied der christlichen bzw. muslimischen *Mehrheit* oder der jüdischen, christlichen, muslimischen oder weiterer andersgläubiger *Minderheiten*. Die – durch Geburt, Taufe, Beschneidung, Bekenntnis oder wie immer hergestellte – ›Konfession‹ *(Denomination)* begründet eine erhöhte bzw. erniedrigte Position am Lebensort. Weltecke sieht darin eine hochwichtige, *neuartige Klassifizierung* der Gesellschaft. Sie wird von Ort zu Ort, Land zu Land, Zeit zu Zeit noch komplexer dadurch, dass keiner der drei Monotheismen dogmatisch homogen ist. Jeder ist vielmehr polyzentrisch organisiert und rituell und alltagshabituell fraktioniert. Als Nebeneinander rangierter Nachbarschaften ist diese neuartige Ungleichheitsstruktur nicht durch ethisch normierte Toleranz, sondern nur durch praktisches *Dulden* der minderheitlichen Andersgläubigen oder durch *Nicht-Dulden* der Ungläubigen lebbar. Immer eingedenk des rechtlichen, symbolischen und gewaltförmigen Überlegenheitsgebarens der dominanten Glaubensgruppe – die gegenseitige Zugänglichkeit in Glaubensfragen und die Gleichheit der Interessen in Alltagsdingen, bis hin zu enger lokaler Verwobenheit der dominanten mit den geduldeten Gruppen: Bekleidung, Wohnrevier, Feste, Heirat, Gerät, ja Konversion – sie bildete so etwas wie eine Überlebensbedingung dieser Dauermischlagen, eine Kovivialität neuer Art.

Die alltägliche und kultische Nähe und Verbundenheit ist charakteristisch für den ersten Teil des Jahrtausends, also für die Jahrhunderte der Ausbreitung der Christen, Juden und Muslime im afro-eurasischen Trikontinent. Konstitutiv dafür ist eine undeutliche dogmatische Distinktion der drei Bekenntnisse und ein noch wenig abgeschottetes Zusammenleben (5.-13. Jh.). Ab dem 14. Jahrhundert, unter verdichteten Lebensumständen, verbreiten und verschärfen sich die Segregierungen im Alltag und in der Wohnweise, verschärft sich die dogmatische Orthodoxifizierung, häufen sich die aggressiven Konflikte und werden Progrome und Vertreibungen endemisch. Mit Kipppunkten wie der Ethnisierung und Rassifizierung der Minderheiten ab dem 16. Jahrhundert läuft das zweigeteilte Jahrtausend aus. Weltecke will mit ihrer These das Mittelalter als *säkulare* erinnerungskulturelle Konvention im heutigen Kulturbetrieb definitiv verabschiedet wissen. Und sie hat dem mittleren Jahrtausend Afro-Eurasiens ein neues ›theopraktisches‹ Profil zu geben versucht – dies im bewussten Gegensatz zu Versuchen, durch kontrastierende Zuspitzung der Eigenheiten der drei monotheistischen Kulturen das Generelle und Kohärente des Jahrtausends zu bezweifeln und, daraus folgend, auf die kulturübergreifende Verwendung des Mittelalterbegriffs zu verzichten.[54]

54 In diesem Sinne argumentiert wenig später Thomas Bauer, *Warum es kein islamisches Mittelalter gab. Das Erbe der Antike und der Orient*, München 2018. Dazu unten mehr. Umgekehrt votiert Claudia Rapp, *Zerrspiegel, Streiflichter und Seitenblicke. Perspektiven der Byzantinistik heute*, Göttingen 2023, für eine bedachte Integration des byzantinischen Jahrtausends ins erweiterte europäische – und protoglobale. Erwähnung verdient hier der Versuch einer integrativen Deutung der Spätantike von Johannes Preiser-Kapeller, *Jenseits von Rom und und Karl dem Grossen. Aspekte der globalen Verflechtung in der langen Spätantike, 300-800 n. Chr.*, Wien 2018.

In ihrer im Erscheinen begriffenen großen Monografie *Die drei Ringe*[55] hat Weltecke ihre Konzeption beeindruckend ausgearbeitet und im Untertitel – *Warum die Religionen erst im Mittelalter entstanden sind* – zur rhetorisch provokanten Hypothese zugespitzt. Für sie sind die drei Denominationen bzw. ihre verschiedenen Ausprägungen noch keine Religionen im modernen Sinne. Ihr geht es um die Klärung der *Weichenstellung für deren Entstehung* – ein Jahrtausend zuerst ebenso allmählicher wie dramatischer Durchsetzungen, dann paralleler und symbiotischer Ausprägungen, dann dogmatisierender Abgrenzungen und diskursiver Behauptungsmanöver, samt dem fatalen Horizont generalisierter Segregation, Vertreibung, Ermordung. Allen dreien fehlt dabei die neutralisierende Distanz für einen übergeordneten Standpunkt und Begriff. Weltecke ist vorsichtig genug, sich mit dem immer wieder fassbaren Basispaar des gerechten und frommen Lebens – lateinisch *lex* und *fides* samt ihrer jüdischen und arabischen Äquivalente – zu begnügen.

In ihrer Darstellung bedient sie sich dabei verschiedener, besonders literarischer Überlieferungsgattungen, weil sie besonders geeignet sind, das angespannte ungleiche Nebeneinander der Verschiedengläubigen im eurasischen Geltungsraum der Eingottbindungen sowohl im Routinehandeln als auch im diskursiven Getümmel, im unterweisenden Bemühen, ja im entspannenden Erzählen anschaulich zu machen – Pilger- und Gesandtenberichte, Konfessionskunden, Abgrenzungsdebatten, Parabeln (darunter die vielen Fassungen der Ringparabel), Konfessionsgespräche, Predigten, erbauliche Geschichten, Apologien des jeweiligen Glaubens usf. Und Weltecke entfaltet das Thema gewisser-

55 München 2024. Ich danke Dorothea Weltecke für die Überlassung der Druckfahnen. Mehr als Andeutungen sind hier nicht am Platze. Es gilt die Rezeption nach Erscheinen abzuwarten.

maßen von seiner der Mitte her, d.h. konzentriert auf die Zeiten der elaborierten und kippeligen Balance der Asymmetrien zwischen den vor Gott so Gleichen, im sozialen Leben so Ungleichen. Das erspart ihr, sich auf heikle Fragen sowohl des Aufkommens als auch des Abkommens dieser so komplexen sozialen Verhältnisse einlassen zu müssen.

Der Kampf um die Kultaufsicht im lateinisch-griechisch-arabischen Früh- und Hochmittelalter

Hier lässt sich Almut Höferts (früher Zürich, jetzt Oldenburg) Beitrag anschließen.[56] Mit ihrer großen komparativen Monografie erweitert sie die Debatte über die neuen Grundstrukturen im nachantiken Mediterraneum seit Kaiser Konstantins Konversion zum Christen, dem Moment einer neuartigen Amalgamierung/Verflechtung von Monarchie *(imperium)* und Kirche *(ecclesia)*. Höfert nennt sie *imperialer Monotheismus*. Der Terminus gilt ihr als ein *Herrschaftsmuster hegemonialen Ranges*, das dazu dient, die vier Theokratien des folgenden kurzen Jahrtausends (400-1200) im erweiterten Mediterraneum – die christliche Universalmonarchie im römisch-byzantinischen Reich, die muslimische Universalmonarchie der umaiyadischen und abbasidischen Reiche (Kalifate) und das Kaisertum im lateinischen Westen – in ihren entscheidenden Zügen und Entwicklungstendenzen zu vergleichen, ohne sie partikularkategorisch voneinander zu sondern. Sie versucht damit, den erstaunlich parallelen Entwicklungen der vier Universalmonarchien im Zeitraum 400-1200 ein kohärentes Profil zu geben – in durchaus polemischer Absetzung von – meist eurozentrisch determinierten – Attitüden kultureller Stag-

56 Almut Höfert, *Kaisertum und Kalifat. Der imperiale Monotheismus im Früh- und Hochmittelalter*, Frankfurt; New York 2015.

nation, Fremdheit und Eigenheit nicht europäischer Kulturen.

Die verbindliche (lateinische, griechische, arabische) Formel dafür – *ein Gott, ein Kaiser/Kalif, ein Glaube, ein Reich.* In drei großen, weitgehend gleich gebauten Kapiteln erörtert Höfert die besonderen Ereignisfolgen (Dynastiewechsel, Reichs- und Bekenntnisspaltungen, Schismen), die strukturell ähnlichen Ausprägungen (Titulatur, Bezeichnungen, Konzeption) und – und darauf kommt es schließlich an – die konfliktreichen Beziehungen zwischen der Rechtgläubigkeit und Kultaufsicht des Theokraten (*lex* und *fides*) und den ihm vielfältig dienenden, ihn herausfordenden und *à la longue* entsakralisierenden religiösen Eliten (gr. *hiereus*, ar. *ulama*, lat. *sacerdos*). Womit für Höfert das Zeitalter des imperialen Monotheismus ausläuft.

Ihre Durchleuchtung der vier Ausprägungen des ianusköpfigen imperialen Monotheismus ergänzt, besonders mit ihrem *polythetischen*, d.h. offenen, nicht dogmatisch elaborierten und liturgisch regulierten ›Religions‹- Begriff, gewissermaßen das, was Weltecke aus alltagspraktisch lokalisierter Perspektive zur tripartiten Glaubenswirklichkeit beigebracht hat. Höferts integrativer und komparativer Blick ›von oben‹ will im neuen Feld der *shared history* verortet sein. Dieser komparatistisch-integrativen Positionierung ist auch ihre Übertragung des *Mittelalters* auf das erweiterte Mediterraneum dienlich.

Labile Konnektivität in Eurasien

Damit zu den Ablehnungen des *Mittelalter*-Begriffs. Den aktuellsten weltgeschichtlichen *Überblick* über die Kritik der ›Mittelalter-Frage‹ verdankt man dem Herausgeber des 2. Bandes der *Geschichte der Welt*, Daniel G. König

(Konstanz).[57] Der ursprüngliche Titel *Mobilität und Diversität* wurde 2023 zu *Geteilte Welten.* König votiert in seiner Einleitung für eine Denkweise, in der die *Konnektivität* – Terminus für die Form und Fülle kommunikativer Vernetzungen – an die Stelle der *Vergesellschaftung* durch Unterhalts-, Macht-, Wissens- und Glaubenshandlungen getreten ist. Sein kurzer Testgang durch die 6 kontinentalen Lebenswelten – Amerika, Islam, Europa, subsaharisches Afrika, Indien, östliches Eurasien – ist konsequent am Grad solcher Konnektivität (zwischen den Polen der Isolation und der stabilen Verflochtenheit) orientiert, den das jeweilige Austauschleben im Zeitrahmen der beiden Pestwellen (600/1350) erreicht. Sein skeptisches Fazit: Selbst wo es zu vielfältigen und effektiven Verflechtungen kam: in diesem kurzen Jahrtausend blieb Konnektivität *immer gefährdet.*

Für unseren Bericht wichtig: Im gesamten Band hat man den Terminus *Mittelalter* bewusst nicht benutzt. König hat dies solide und ausführlich begründet. Zum einen spräche die weltweit unausrottbare negative Aura des Mittelalters als *dunkle* Zeit dagegen. Die Aufklärung habe dies *nicht* grundsätzlich ändern können. Weiter spräche die globale Karriere, die der Mittelalterbegriff als universalgeschichtlich geltende *westliche* Kategorie im 20. Jahrhundert gemacht habe, gegen seine weitere Verwendung. Vielfach wirke sie – in postkolonialer Sicht – als geistige Zumutung, ja *epistemische Gewalt* gegenüber eigenkulturellen Zeitordnungen.[58]

57 Daniel G. König, *Einleitung: Zwischen Isolation und Verflechtung. Globale Interaktion 600-1350*, in: ders. (Hg.), *Geteilte Welten* (wie Anm. 50), S. 11-46.

58 Lohnende Vertiefung bietet hierzu Jeffrey Jerome Cohen (Hg.), *The postcolonial Middle Ages*, New York 2000.

Von dieser Voraussetzung geleitet, buchstabiert König dann die Forschungsstände zu den protoglobalen Lebenswelten durch. In den Amerikanistiken herrsche die Zweiteilung vorkolumbisch/postkolumbisch vor; niemand würde von einem vorkolumbischen Mittelalter ausgehen. Afrika betreffend würden zwar die Teil-Islamisierung als Anfang und der europäische Sklavenhandel als Ende akzeptiert als grob passfähige Einschnitte, aber es bestehe große Skepsis gegenüber Überstülpungen europäischer Kategorien. Zu Indien: Die lange akzeptierte, auf Sprachenwechsel fußende Lehre von einer *hinduistischen Antike* (Sanskrit und Pali) und einem *islamischen Mittelalter* (Persisch und Urdu) sei seit einigen Jahrzehnten ins Schwimmen geraten und biete bis dato nur ein unübersichtliches Bild.[59] In der englischen Kolonialtradition verankerte Auffassungen tendierten dazu, den Verbund der Post-Gupta-Periode (7. Jh.) mit den folgenden, islamisch dominierten Zeiten (12. bzw. 18. Jh.) als Mittelalter zu verstehen; dies aber nicht ohne den Widerspruch derer, die diese Zeiten in sozialökonomischer Sicht als feudal reklamierten. Auch was die Fachhistorie über ein japanisches und ein chinesisches Mittelalter kontrovers diskutiert, ließe wenig Äquivalentes zum europäischen Mittelalter erkennen – auch wenn der europäische Einfluss auf die Periodisierung in Japan recht groß war. Die China-Historie bleibe befangen im Gegensatz zwischen Zuordnungen bestimmter Dynastien zu einem mittleren Alter und dem altkommunistischen Dogma eines überlangen Feudalismus. Schließlich: Auch die Islam-Historie erkenne keine dunklen Zeiten; die Jahrhunderte nach den Eroberungen gälten gemeinhin als Blüte-, nicht als Verfallszeit; es gäbe keine Dazwischenepoche.

59 Kompetent hierzu Hermann Kulke, *Das europäische Mittelalter – ein eurasisches Mittelalter*?, Berlin 2016.

Romano-graeco-iranisches Isoschemen-Bündel

Hier beruft sich König auf die neuerliche, viel beachtete streitbare Bilanz des Münsterschen Islamisten Thomas Bauer *Warum es kein islamisches Mittelalter gab.*[60] Bauers Streitschrift liest sich wie ein empirizistischer Generalangriff auf Höferts Traktat. Er begründet seine Ablehnung der Mittelalter-Applikation auf die islamische Spätantike in mehreren Schritten. Er legt die Schwächen und die Funktionen der *Vermittelalterlichung* des Orients bloß: der Begriff sei *ungenau*, er führe zu *Fehlschlüssen* (besonders über den Grad der *religiösen Aufladung* der Zeit), er könne *diffamierend* sein, *exotisiere* die islamische Welt und drücke einen *politischen Hegemonieanspruch* des Westens über sie aus. Bauer stellt dann im Einzelvergleich zahlreiche Differenzen zwischen dem (spätantiken bzw. poströmischen) Orient und Okzident heraus, um jeder Anähnelung den Boden zu entziehen. Wie er dann, im Fahrwasser von Garth Fowdens eurasisch orientierter These eines spätantiken Jahrtausends,[61] das *Merkmalsbündel* diskutiert, das den Raum zwischen Mittelmeer und Hindukusch vom 6. bis zum 11. Jahrhundert als eine romano-graeco-iranische Spätantike mit formativer Langzeitdynamik (ohne Prämierung der Entstehung des Islam) auszeichnet, ist hier von besonderem methodischem Interesse. Bauer vermeidet jede Hierarchisierung der Einzelmerkmale *(Isoschemen)*, und er geht deren ungleicher und ungleichzeitiger Transformation im Einzelnen nach, ohne den Anspruch, sie zu amalgamieren. Es ist gerade deren relative Selbstständigkeit, die zählt. Seine beharrliche Bemühung um eine Epochalisierung

60 Vgl. Anm. 54. Auch diese Streitschrift ist aus einem Vortrag der BBAW-Jahresvortragsreihe hervorgegangen.

61 *Before and after Muhammad. The first Millennium Refocused*, Princeton 2014.

(Epochenkonstruktion) der langen römisch-griechisch-iranischen Spätantike jenseits jeder Mittelalterlichkeit stellt er zudem in den Rahmen von vier Kriterien. Sie soll *wertungsfrei*, *großräumig* und vielförmig *synchronisiert*, umfassend *lebensprägend* und – trotz aller Binnenbrüche – *endgültig* und *dauerhaft* sein.

Die Milieus der Vernunft im langen Jahrtausend

Jüngst hat sich erneut ein ›Mittelalter‹-Philosoph abschiedsprogrammatisch zu Wort gemeldet – später als Kurt Flasch, und deutlich anders aufgezogen. Ein weiteres Zeichen dafür, wie krisengeschüttelt und um Umorientierung bemüht es mittlerweile in den Fachmediävistiken zuzugehen scheint. Der Kölner Philosoph Andreas Speer setzt in seinem Essay alles daran, den ›Gegenstand‹ der Philosophie im *langen Jahrtausend* von den Fesseln jeder *normativen* Mittelalter-Periodisierung zu befreien – weitgehend im Sinne von Thomas Bauer, aber mit noch radikalerer Konsequenz.[62] Seine Devise: *Verzicht ohne Substitution*! Warum?

Speer trägt seine Antwort in vier Schritten vor. Der erste gilt der Betonung der Notwendigkeit einer *Geschichte* der Philosophie, gefasst als Arbeit im diskursiven Operationsraum vergangener *Vernunft (Denkraum)*. Eben dieser Bemühung stünde der seit seiner *Erfindung* prinzipiell negativ besetzte und von der Antike und der Moderne abgesetzte Mittelalterbegriff prinzipiell im Wege. Eine entgrenzende *neue Sicht* könne nur unter Außerkraftsetzung eurozentrischer Fortschrittsideologie und modernisierender Verengungen zentraler Thematiken gelingen.

62 Andreas Speer, *1000 Jahre Philosophie – Ein anderer Blick auf die Philosophie des ›Mittelalters‹*, Paderborn 2023.

Zweitens müsse es um einen dreidimensionalen Perspektivwechsel gehen: um die Ausweitung der Zeitschichten und -differenzen des Philosophierens, um die seiner Verortungen bzw. Schauplätze im ganzen eurasischen Raum sowie um die Durchbrechung der Sicht auf Einzelautoren hin zu den Vernetzungen ihres Denkens und Glaubens. Damit würde man der Tatsache gerecht, wie *vielsprachig, vielgestaltig, interdisziplinär, transkulturell* das Philosophieren im Millennium sei.

Drittens sei eine grundsätzliche Gegenstandsbestimmung nötig: Es müsse, um die Zersplitterung der Forschung zu zügeln, um die Konzentration auf den damaligen Umgang mit der *Universalität der Vernunft* gehen – im Wege der Übersetzungs-, der Begriffs-, der Auslegungs-, der Begründungs-Arbeit, und zwar situiert im Kommunikationsraum aller Beteiligten, auf allen epistemischen Niveaus und im Wissen sowohl um die Möglichkeiten als auch die Grenzen des Denkens. Speer unterscheidet hier zwischen der *schwachen* und der *starken Universalität.* Erstere ist die *epistemische Disposition,* die zur Bearbeitung von Wahrheitsfragen in den Grenzen der *endlichen* Vernunft befähigt. Die *starke Universalität,* wenigen vorbehalten, geht darüber hinaus, sucht nach universaler Weisheit zwischen Metaphysik und Offenbarung, will die Grenzen der bzw. zur Gottesschau ausloten.

Was folgt für Speer aus diesen sehr allgemeinen Bestimmungen? Philosophiegeschichte sollte auf jede *normative Periodisierung* verzichten. Es gehe ihr um ein *langes Jahrtausend, das sich in allen Sprach- und Kulturkreisen in Kontinuität mit den antiken Traditionen sieht und diese bis weit in das 18. Jahrhundert hineinträgt.* Also um eine eurasische Schauplatzerweiterung ohne Festlegung auf leitende *Sekundär*-Merkmale. Diese Konzeption testet Speer abschließend daraufhin, wie anschlussfähig sie im Einzelnen an die vier Innovationsdimensionen postkolonialer Historie sein könnte, die globalhistorische, die akteursbestimmte, die netzwerkanalytische und die verflechtungssoziale – und er bietet sprechende Fälle für eine solche Umorientierung.

Poströmisches Verwandtsein und Machtrepräsentation in Lateineuropa

Gewissermaßen zurück zum Ausgangspunkt meines Berichts führt das Buch von Bernhard Jussen (Frankfurt): *Das Geschenk des Orest. Eine Geschichte des nachrömischen Europa 526-1535.*[63] Es steht Kurt Flaschs Position überraschend nahe. Sein erster Kritik-Punkt: Das ›Mittelalter‹ fungiere schon viel zu lange als Epochenimagination beliebigen Inhalts, ein Zeitraum-Container ohne klares Profil. Das sei erinnerungspolitisch kaum zu verantworten. Daher auch der allenthalben beklagte kulturelle und bildungspolitische Relevanzverlust der Mediävistik. Eng damit verbunden ist Jussens zweiter Einwand. Er richtet sich gegen das Mittelalter als zwischen Antike und Moderne eingekeilter *Mittelteil* der eurozentrischen Drei-Zeitalter-Ideologie. Wie er in mehreren Vorausstudien aufgezeigt hat, ist diese Epoche eine *Langzeitbehauptung*, der jede *zeitgemäße Erklärungskraft* fehlt. Sie wirke aber immer noch als bestimmende Konvention fort und richte dabei in der Erinnerungskultur schwer abschätzbaren ideologischen, vor allem *eurozentrischen* Schaden an. Was setzt Jussen dem entgegen?

63 München 2023; eine ausführlichere Würdigung wird in der Historischen Anthropologie 32, 2024 erscheinen, der ich hier teilweise vorgreife. Ich beziehe mich auch auf den Vortrag Jussens *Abschaffung des »Mittelalters«. Eine Revision der Geschichte des lateinischen Europas* in der BBAW vom 6.3.2024. Vgl. jetzt auch Frank Rexroth, *Der Abschied vom Epochendenken? Mittelalterbilder in Zeiten der Entkategorisierung*, in: Historische Zeitschrift 318, 2024, S. 115-140.

- Er experimentiert mit einer bislang wenig benutzten zeiträumlichen Basisvorstellung, einem *nachrömischen Europa*, das vom bis 1453 bestehenden *griechisch-römischen* Reich in Konstantinopel abgesetzt ist. Er spricht im Text deshalb gern von *Lateineuropa*. Lateineuropa ist für ihn – kurzgeschlossen – der Schauplatz zweier grundlegender *Transformationen*, die durch nachrömische Verhältnisse *ermöglicht* werden und deren Fortgang wie Leitplanken mitbestimmen, was Jussen *Pfadabhängigkeit* nennt.
- An erster Stelle steht das christlich-kirchliche System sozialer Reproduktion, das erborene, erheiratete und paktierte *Verwandtsein* – dies in Anlehnung an Goody und Mitterauer. An zweiter Stelle rangieren die rivalisierenden *Repräsentationen* sakraler, regnaler und – neuartig! – kommunaler Macht. Jussens *Hobel* der kommunalen Eintracht. Diese beiden Themenstränge treten an die Stelle der traditionellen Leitthemen wie Politik, Religion und Wirtschaft. Sie bilden aber weder das Ganze noch das Wesentliche *des* Jahrtausends ab, sondern sind von Jussen als Phänomene verschiedener räumlicher und zeitlicher Reichweite – gewissermaßen *inselhaft* – verstanden.
- Man sollte deshalb die beiden Daten im Untertitel nicht als Markierungen des Anfangs und Endes eines kohärenten Zeitalters missverstehen. Sie beziehen sich vielmehr auf datierte *Dokumente* prägnanter Transformations-*Momente* seiner beiden Themenstränge.

Das *medial* Neuartige an Jussens Buch ist, dass diese Momente nicht durch Schriften bzw. Texte, sondern durch *bildliche* und *figürliche* Zeugnisse dargestellt sind – Fresko, Mosaik, Elfenbeintafel, Illumination, Ikone, Altarbild, Gemälde, Zeichnung, Holzschnitt, Frühdruck, Skulptur,

Münze, Siegel, Gerät. Eine bewußte Abkehr vom skriptozentrischen Normalverfahren, die er als *mediologische* Wende versteht! Jussen beschreibt und deutet die Bild-Zeugnisse als autonome, prägnante Abbreviaturen handlungsleitender Vorstellungen, als markante *Sinnfigurationen im* Jahrtausend, nicht *des* Jahrtausends. Im Spiel dabei ist die Kantische Theorie vom Geschichtszeichen, modifiziert zur zeit*punkt*bezogenen Alternative zum epochen*räumlichen* Modell.[64] Es geht ihm – im Medium des Bildwissens – um die *ideengeleiteten Verschränkungen von Haltungen und Handlungen*, um eine prinzipielle Verschiebung des historischen Erklärungsziels und -stils vom sozialen Handeln zu dessen Verankerung im kollektiven Bewusstsein.

Aber diese Zeugnisse haben nicht dieselbe langzeitliche Wirkung. Das Phänomen der Witwe – in der Sinnfigur der Turteltaube – repräsentiert ein Jahrtausend sexualmoralischer und das Verwandtsein regulierender Zumutungen der Kirche an die Gläubigen. Das ›politische‹ Bildgut hingegen – sei es Reiterstandbild, Münzporträt, Ikone, Siegel, Bibelfrontispiz oder der Hobel im Sienenser *buon governo*-Fresko – stehen für deutlich kürzere Reichweiten.

Jussen will also sein Buch weder als *1000-jähriges Intermezzo* zwischen Antike und Moderne verstanden wissen, noch als eine Zeit alteuropäischer *Alterität*, noch als einen wesenhaft abgrenzbaren Zeitraum. Er will vielmehr eine *Geschichte* erzählen, die dazu dient, die unterschiedlich langfristige Pfadabhängigkeit seiner beiden Parameter, des *parentalen* als auch des *zivilgesellschaftlichen* Denkens, Sorgens und Handelns, zu erweisen – indirekt bis zur Gegenwart. Dieser Bezug, so Jussen, begründe das

64 Heinz-Dieter Kittsteiner (Hg.), *Geschichtszeichen*, Köln; Weimar; Wien 1999.

Arbeitsumfeld für eine *zeitadäquate* historische Forschung und Diskussion. Mit ihm entspräche man der säkularen Weltlage nach dem Zusammenbruch des west-östlichen Weltsystems, der Wiederkehr von Konfessionskonflikten und der Verschärfung postkolonialer Verwerfungen. Ihr *Erklärungsbedarf* sei orientiert an postzentrischer und postkolonialer *Mobilität, Pluralität, Liberalität* und *Multikulturalität.* Ihr Gegenstand: Lateineuropa als *Weltprovinz*; ihr die historische Forschung leitender Wertbegriff: die *Zivilgesellschaft.*

4. Rekapitulation

Rückblickend ergeben meine Kurzporträts der zwischen ca. 1970 und 2010 erschienenen Arbeiten (Abschnitt I und II) folgende *beschilderungs-semantische* Lage:

In allen Positionen bildet der europäische, genauer *okzidentale* und *lateinische* Geltungsraum des (Zwischen-) Zeitalters den Bezugsrahmen, gleich, ob vom Mittelalter, vom Feudalismus oder von Alteuropa gesprochen wird. Flasch ist der einzige, der explizit auf mediävale Epochalität verzichtet. Er bewegt sich aber in einem langen *alteuropäischen* Jahrtausend als Zeitrahmen. Dies trifft auch auf deutsche Positionen zu, die sich auf ein *Alteuropa* seit Homer oder seit ca. 1200 bis zur Früh- oder kapitalistischen Moderne beziehen. Für deren Relevanz spricht die neuerliche breit gefächerte Reprise im Sinne einer Langzeit-Alternative zur vorherrschenden Trennung von Mittelalter und Frühneuzeit.

Zugleich wird dieser Zeitraum als raumzeitlich expansiv verstanden, als sich unregelmäßig, schubweise ausbreitend, binnenländisch und überseeisch. Ob er als langes oder kurzes Jahrtausend, ob er streng westlich oder mediterran, nordöstlich und atlantisch erweitert beschrieben ist, und ob postantiker Anfang und/bzw. frühmodernes Ende scharf (Bruch) oder gedehnt (Transformation) abgegrenzt sind, hängt vom Rang und Wirkungsgrad der jeweils leitenden Merkmale ab. Die Positionen sind grob geschieden durch christlich-kirchliche, weltlich-dominative, agrar- bzw. handelsökonomische, parentale und spatiale, autoritäre und kommunale *Vorrang*hypothesen.

Zielt man auf die Grund*tendenzen* dieser Konstellationen, dann zeichnen sich einerseits chronologische und räumliche *Aufweichungen*, *Ausweitungen* und *Entgrenzungen* ab, andererseits *Verschiebungen* von politischen und wirtschaftlichen zu sozialen und sakralsystemischen *Determinierungen* bzw. Rangierungen. Oder etwas konkreter: von (vor-)staatlicher zu theokratischer Macht, von Produktions- zu Austausch- und Kommunikationsstrukturen, von klassenspezifischen zu konfessionellen und von nativen zu parentalen bzw. lokalfixierten Basisbeziehungen. Ein mittelalterliches (oder altes oder feudales) Europa auf zwei Wegen: auf dem der ent-okzidentalisierenden Erweiterung oder dem einer (latein-)europäisierenden Umorientierung, im Sinne radikaler Eigenständigkeit, ja alteritären Fremdheit, als *per se*-Epoche. Strittig bleibt, ob mit internem Potenzial für oder externen Einwirkungen auf eine Gesamtmetamorphose (Modernisierung).

Im Vergleich dazu fallen – für die anschließenden Jahrzehnte des 21. Jahrhunderts (Abschnitt IV) – in den Konzeptionen Europas und des Mittelalters mehrere gravierende Veränderungen auf. Ich versuche sie anhand dreier, nur schwer trennbarer Dimensionen zu erfassen – raumzeitlich, raumzeitsachlich, zeiträumlich.

Raumzeitlich: Die *exklusive Vorrangstellung* Europas für die Frühgenese der Moderne (Sonderweg) gilt allen Autor*innen als dekonstruiert. Eurozentrische Positionen dieser Art sind welt-geschichtlich obsolet. Aber ist damit die Frage nach verschiedenen mittelalterlichen *Ermöglichungsbedingungen* welcher Moderne definitiv erledigt?

Als *Schauplatz* ist der Okzident – global verglichen – gewissermaßen provinzialisiert, marginalisiert. Er hat (s)einen Platz *neben* den anderen Großräumen. Der Subkontinent gilt nicht mehr als *die* Welt, sondern als *teil*integriert in die eufrasischen *Welten*, ob als westliche Peripherie und ergänzt um ost-›europäische‹ Machträume, ob als katholischer Machtfaktor im christlich-muslimischen Mediterraneum (und östlich darüber hinaus).

Innerhalb dieses *eu(f)rasischen* Jahrtausendraums und seiner internen Verflechtungen *ändert* sich jedoch nicht nur die Position bzw. Rolle des poströmischen Okzidents, sondern auch die Struktur des gesamten Mediterraneums im Zuge der Verfestigungen und Fraktionierungen der drei monotheistischen Regime. Anfänglich peripher, nur undeutlich binnenstrukturiert und abgegrenzt, gewinnt der Okzident seit dem 11./12. Jahrhundert zunehmend an regionaler Profilierung und Kohärenz. Zugleich expandiert er weiter nicht nur nach innen (Verdichtung), nach Norden und Osten, sondern auch nach Westen – bis über den Atlantik durch Eroberung, Mission, Siedlung. Lateineuropa wird zum *Kontinent*. Aber welchem? Einem (weiterhin) fremdartigen, im Kern divergenten? Wann und wie es im Weiteren zu einem irreversiblen Vorrang gegenüber den anderen Großräumen bzw. zu deren *Europäisierung* oder gar (abhängiger) *Feudalisierung* kommt, wird nur ausmündend berührt bzw. angedeutet, doch bleibt die Debatte über die verschiedenen Formen der Expansion – als ›koloniale‹ und der verschiedenen Modernisierungspfade, seien sie kirchenreformerisch, handelskapitalistisch, merkantil, kommunal, konfessionell, personenrechtlich, staatsgenetisch oder epistemisch – in vollem Gange.[65]

Raumzeitsachlich: Im Ringen darum, welche *Strukturmerkmale*/Faktoren/Basisphänomene bestimmend bzw. ausschlaggebend für das Profil des Mediterraneums und Lateineuropas gewesen sind, sind die oben angesprochenen hegemonialen Komponenten und Tendenzen weiter wirksam. Man lässt sich nicht auf ihre feste Hierarchisierung

65 Einen breiten Fächer von Themen und Ansätzen bietet Thomas Ertl (Hg.), *Europas Aufstieg* (wie Anm. 45).

ein – Isoschemenbündel, *too complex*! Man handelt sie getrennt nacheinander ab – Reich, Religion, Handel. Man konzentriert sich auf ein Strukturmerkmal – Vernunft, Glaubenspraxis, Monogamie, Theokratie, Herrschaftsrepräsentation. *Vorrangigkeit* dürfte jedoch mehrheitlich für ein Merkmal gelten: die Wirkmacht der Monotheismen als Glaubensvorstellungen, als imperiale Monarchien bzw. klerikale Institutionen und als Alltagspraktiken. In deren näherem Verständnis gehen die Positionen jedoch weit auseinander:

- ob als mitbestimmende, nicht aber hegemoniale Dimension der Alltagspraxis,
- ob sich ausformend und distinguierend im widersprüchlichen Verbund mit den anderen monotheistischen und paganen Minderheits-*Denominationen* allerorten,
- ob im Verbund mit Großmachtkämpfen und Handelskonkurrenz um Routen, Güter und Gewinne,
- ob als alle Praxisfelder durchdringendes Vorstellungs- und Handlungssystem,
- ob als ebenso konstante wie wandlungsreiche Dominanz der Doppel-Aristokratie bzw. Eliten, der hegemonialen Dynamik der monarchischen Theokratien, oder
- ob als normativer Rahmen für die primärsozialen Beziehungen – Ehe, Verwandtschaft, Ahnenkult – und als urbane Arena für die Genese eines politischen Kommunalismus.[66]

Zeiträumlich: In der Mehrheit der Positionen bildet der europäische, genauer *okzidentale* und *lateinische* Geltungsraum des (Zwischen-)Zeitalters den Bezugsrahmen, gleich,

66 Auffällig ist, dass den materiellen Gegebenheiten des Überlebens deutlich weniger Aufmerksamkeit geschenkt wird – eine bedauernswerte Folge der kulturwissenschaftlichen Umorientierung.

ob vom Mittelalter, vom Feudalismus oder von Alteuropa gesprochen wird, stets mit antiteleologischem Drall. Unübersehbar ist schließlich die Ausweitung des zeiträumlichen Bezugsrahmens über den Okzident, ja auch das Mediterraneum hinaus zu Eu(f)rasien – und *d'outre mer*.

Über Sinn und Gebrauch des Terminus *Mittelalter* wird aber gesteigert kontrovers gedacht. Der Hauptgrund: die Beurteilung seiner Herkunft, seines gängigen Gebrauchs im Vergleich zum früheren, und die seiner kulturpolitischen Auswirkungen. Einerseits wird – von welthistorischer Seite – der ›Export‹ des Mittelalters in außereuropäische Kulturen weiterhin als kolonialistische Zumutung empfunden und deshalb vermieden.[67] Oder er wird für innereuropäische und eurasische Applikationen als sachlich verzerrendes und dysfunktionales Ideologem, dem Mythos nahe,[68] kritisiert und abgelehnt, besonders als Zwischenraum bzw. Brücke zwischen Antike und Moderne. Anderen ›Europäern‹ gilt er, begriffsgeschichtlich aufgearbeitet und historisiert, als wertneutral und kann deshalb entweder als chronotope Konvention benutzt werden, als schiere Grobdatierung, etwa gleich Jahrhundertbündeln wie im Alltag der mediävistischen Praxis. Oder er steht ganz verschiedenen sachlichen Neu-Bestimmungen offen, bis hin zur globalen Applikation. Oder es wird eine Teildistanzierung vom Mittelalter ins *mittlere Millennium* ausprobiert. Schließlich werden die parallelen Nebengleise der Feudalismus-Tradition (samt ihrer Weltsystem-Konnotationen) und die alteuropäischer Erneuerung weiter innovativ genutzt.

67 Hierzu der grundlegende Sammelband Kathleen Davis, Nadia Altschul (Hg.), *Medievalisms in the Postcolonial World. The Idea of »the Middle Ages« Outside Europe*, Baltimore 2009.

68 Ludolf Kuchenbuch, *Sind Epochen notwendig(e) Mythen?*, in: Helmut Altrichter, Klaus Herbers, Helmut Neuhaus (Hg.), *Mythen in der Geschichte*, Freiburg i. Br. 2004, S. 29-53.

5. Mein Votum – Standpunkt, Gesichtspunkte, Aussichten[69]

Alles Berichtete und Verglichene vor Augen scheint klar, dass es für die Zukunft der Mittelalter-Frage nicht nur erinnerungskulturell, sondern auch fachwissenschaftlich keine *einsinnige*, keine *definitive* Auffassung geschweige denn Lösung geben kann. Dazu einige Leitpunkte und Erwägungen meinerseits:

- Begründeten Positionen und Dissensen gebührt geduldige Aufmerksamkeit.[70]

- Keine Position ist *harmlos*, keine Option nicht anachronistisch (P. von Moos).[71] Das erzwingt der gegenwartssprachliche Vermittlungsauftrag: die eigensprachliche Vergangenheit ist gegenwartssprachlich zu artikulieren. Diese unvermeidliche Zweizeitigkeit sollte bewusst gehalten und gemacht werden. Dazu gehört auch, oberflächliches Synonymisieren und naiven Konventionalismus zu vermeiden. Im Falle berechtigter Kritik hilft eine positive Einstellung zu Revisionen.

69 Entscheidendes zum Folgenden verdanke ich Bildern und Argumenten von Arnold Esch, *Zeitalter und Menschenalter. Der Historiker und die Erfahrung vergangener Gegenwart*, München 1994, bes. S. 9-38.

70 Ein ermutigender jüngster Szenen-Querschnitt dazu: Goetz (Hg.), *Kontroversen* (wie Anm. 3).

71 Peter von Moos, *Gefahren des Mittelalterbegriffs. Diagnostische und präventive Aspekte*, in: Joachim Heinzle (Hg.), Modernes Mittelalter. Neue Bilder einer populären Epoche, Frankfurt a. M. 1994, S. 33-63.

- Was die Skeptiker oder Gegner des *Mittelalters* vorbringen, ob begriffsgeschichtlich, institutionsanalytisch oder inhaltlich erarbeitet und begründet, überzeugt mich. Ich will künftig vermeiden, vom langen mittleren Jahrtausend als *Mittelalter* zu reden. Die Mediävistik leuchtet mir als Fachhabitus und als epochendisziplinäre Institution nicht mehr ein. Als ich in den 1960er-Jahren ins Teilfach der *(neueren und) mittelalterlichen Geschichte* wuchs, gab es noch keine Mediävistik. Ich identifizierte mich mit ihrem Aufstieg, ihrer Verselbstständigung. Heute erscheint sie mir subdisziplinär und themenspezifisch zerbröselt und von Anknüpfungszwängen an institutionelle, finanzielle und diskursive Aktualitäten gebeutelt, vor allem aber ohne integrative, ermutigende Vision.[72] Sie hatte ihre Zeit. Man kann gespannt sein, wie ihre Globalisierung sie ›aufheben‹ wird.[73]

- Alle Auseinandersetzungen betreffend gilt für mich, die Plausibilität der jeweiligen *Gebrauchsperspektive* zu klären und zu gewichten. Und zwar im Sinne einer *Rationalität der Zwecke*, nicht einer der Legitimität des Standpunkts, nicht einer der pragmatischen Plausibilität. Der Plural Zwecke ist wichtig. Ich plädiere für zweckbewusst wechselnden, auch inhaltlich zugeschnittenen Leitbegriffsgebrauch. Nach viel kritischem Historisierungsaufwand habe ich das für den Feudalismus versucht.[74] Er passt nicht für ›alles‹, für Bestimmtes aber am

72 Zur Ehrenrettung verweise ich auf die Ausrichtung der Verbandszeitschrift *Das Mittelalter* auf Themenschwerpunkte.

73 Auch Thomas Ertl, *Streit ums Globale* (wie Anm. 45), stellt (sich) im Rahmen seiner wichtigen Erwägungen zum *Globalen Mittelalter als Herausforderung* die Frage, ob das Mittelalter *als Epoche und Begriff die Globalisierung der Geschichtswissenschaft überstehen kann und soll* (S. 74).

74 Kuchenbuch, *Marx, feudal* (wie Anm. 5), S. 318-336.

besten. Aber er ist in steter Sinnveränderung begriffen – man denke an Baschets so überraschende Schlussdevise. Ähnliches trifft auch auf *Nachantike, Lateineuropa, Okzident, Alteuropa* und *Vormoderne* zu. Es gilt, in wichtigen Gebrauchsmomenten die Vorzüge und Nachteile der Begriffswahl sorgfältig zu prüfen.

- Wie viele Kolleg*innen, nicht nur aus der Mittelalterforschung, plädiere ich – in *zeit*räumlicher Perspektive – für das lange Jahrtausend ca. 500-1700. Versesshaftung, Urbanisierung, Humanismus, Reformation, Pandemie, Conquista und Kolonisation, Fernhandelsvernetzung modifizieren die millenare Grundkonstellation sicher erheblich, kippen sie aber nicht.

- In *raum*zeitlicher Sicht binden mich mein westlicher Standort und die Grenzen meiner fachlichen Kompetenz an das *lateineuropäische Langjahrtausend* als Ausgangsfeld. Eurokonzentriert, nicht aber eurozentristisch. Und verbunden mit dem wo immer notwendigen Druck zur *Ausweitung* der Kenntnisse und Erkenntnisse in jede bereichernde Richtung.

- Zur Bezeichnungslage. Sie erscheint, will man präziser sein, voller grundsätzlicher Untiefen. Um ganz vorn zu beginnen: Wie bewusst ist unsereinem überhaupt die Benutzung der Zählungen und Aggregierungen nach *Jahren* – nach Jahrzehnten, Jahrhunderten, Jahrtausenden – für epochalisierende Ordnungsversuche? Welch einem scheinneutralen Pragmatismus wird hier allerorten aufgesessen? Längst dienen lange und kurze Jahrhunderte, ja Jahrtausende der Abgrenzung und Präzisierung von Zeitstrecken. Ständig wird auf diese Weise unter der Hand epochalisiert. Was würde eine solide Historisierung allein dieser so selbstverständlichen, bequemen Bezeichnungen zur Folge haben?[75] Wie viel Relativierung unserer selbstverständlichen Chronologie ist da zu erwarten! In den lateineuropäischen Zeiten waren Kalendarik und Millennarik hochkarätige Dauerbrenner ganz anderen Zuschnitts und anderer Maßstäblichkeit! Und mindestens genauso in den nicht-christlichen Kulturen. Wie hätte sich die Forschung und Darstellung zu diesen so anderen Zeitregimen zu verhalten? Es fängt schon mit dem *Beginn* der lateineuropäischen Zeitrechnung an – Christi Geburt, per se und auch im Verhältnis zu anderen Kalendersystemen. Verblasst nicht längst der Sinn der Abkürzung *n. Chr.*?

- Über diesen Abgrund hinweg: Die Bezeichnungspraxis könnte komplexer, semantisch bewusster werden. Was leisten lateinische bzw. latinisierte Schlüsselbegriffe, wie etwa *ecclesia* statt Kirche, *opus* statt Arbeit, *dominium* statt Herrschaft – vernakuläre Äquivalente inklusive? Ich habe das – ganz unoriginell – versucht. Wie auch Guerreau und andere, hier nicht eigens Erwähnte (Heinrich Fichtenau etwa). Was leistet – inzwischen – das *Millennium*? Die Wortverbindung *Latein-Europa* ist im immer genauer begründeten Vormarsch, das zeigt die Mehrheit der hier vorgestellten Arbeiten. Das *Alt-Europa* ist, entlastet vom nachkriegsnostalgischen Ballast, weiter im Gespräch und in der Erprobung.[76] Auch für die *Vor-Moderne* wird neuerdings mit bedenkenswerten Argumenten geworben.[77]

75 Johannes Burkhardts *Geschichte der Jahrhundertrechnung* liegt über 50 Jahre zurück (1971).

76 Jaser, Lotz-Heuman, Pohlig (Hg.), *Alteuropa* (wie Anm. 24).

77 Eine programmatische Kollektion von Testfällen bieten Klaus Ridder, Steffen Patzold (Hg.), *Die Aktualität der Vormoderne.*

Weiter können zeit-, raum- und sachbezogene *Attribute* zur Präzisierung beitragen. Ich habe 2004 vom *christlich-feudalen Okzident* gesprochen, bin aber weiter unzufrieden. Guerreau bevorzugt die *société occidentale médiévale*. Jussen das *nachrömische Europa*, Bauer die lange *romano-graeco-iranische Spätantike*. Weltecke in Anlehnung an Benjanmin C. Kedar das *mittlere Jahrtausend*. Was können Prädikate wie *proto-global, vorindustriell, vormodern* leisten? Ich übertreibe in dieser Richtung einmal durch spontan erfundene Kombinationen: *mittelalterliche Ewigkeit, feudale Eucharistie, alteuropäischer Pflug, eurasischer Plurimetallismus, okzidentale Logik, eufrasische Sklaverei, poströmische Schaulust, vormoderne Polykonfessionalität.* Auf jeden Fall sollte keine Gelegenheit ausgelassen werden, die Begriffsbildung durch Wortbildungen und Wortverbindungen – Affixe, Nomenkoppelungen, Genitive und Syntagmen – in präzisierender Bewegung zu halten. Mein Plädoyer also: weg von der *ein*-begrifflichen Bezeichnungsroutine, hin zur mehrgliedrigen, gelenkigen Bezeichnungs-Kombinatorik.

- Nun zur Bezeichnungsweise und inhaltlichen Substanz der epochalen *Merkmale*. Hier herrscht im Bestand der Beiträge ein unscharfes, zur Synonymik tendierendes Neben- und Durcheinander von Bezeichnungen – Leitkategorien, Faktoren, Basisphänomene, Strukturprinzi-

Epochenentwürfe zwischen Alterität und Kontinuität, Berlin 2013. Sie geht auf eine 2009 entstandene Initiative des Tübinger *Zentrums Vormodernes Europa* zurück. In diese Richtung weist auch das Kollektivwerk von Wolfgang Drews, Antje Flüchter, Christoph Dartmann, Jörg Gengnagel, Almut Höfert, Sebastian Kolditz, Jenny Rahel Oesterle, Ruth Schilling, Gerald Schwedler, *Monarchische Herrschaftsformen der Vormoderne in transkultureller Perspektive*, Berlin 2015.

pien, Charakteristika, Komponenten, Wirkmächte –, das periodisierungsrelevant zu klären zu viel des theoretisch Gebotenen wäre. Man hält einen instrumentalen Burgfrieden, mit dem man sich pragmatisch abzufinden scheint.

Worauf es ankommt, ist nicht die diskursive Einkleidung, sondern die Substanz der Merkmale. Als Exponenten dominanter Lebenszusammenhänge bilden sie den eigentlichen Gegenstand der Auseinandersetzungen. Stets geht es um ihre Anzahl und ihre Kombinationen, ihre Verwobenheit mit- bzw. ihre Wirkung aufeinander sowie um ihre jeweilige Geltungsdauer (Reichweite). Hier ist die Verschiebung von strukturellen zu *relationalen* Integrationsimaginationen im Berichtszeitraum auffällig. Uneinigkeit herrscht besonders über die Suprematie, Hegemonie, Dominanz eines der Faktoren bzw. über die Asymmetrie zwischen verschiedenen Merkmalen. Das zeigt der oben angedeutete Komplex Religion/Denomination/Kirche/Glaubenspraxis. Gleiches gilt aber genauso für die Felder von Macht bzw. Politik, Ökonomie bzw. Handel sowie Kommunikation, Konnektion bzw. Isolation. Viel Unklarheit herrscht über die Reichweite einzelner Merkmale in Bezug aufs zeitliche und räumliche Ganze. Eine Grundtendenz wachsenden Gewichts schließlich: Die historisierende Kritik an der ›Modernität‹ von Leitkategorien ist in vollem Gange. Viele herkömmliche Merkmalsbegriffe haben dadurch an Bedeutung verloren, werden umgangen, ›uneigentlich‹ gebraucht. Verschiedene Wege ihrer Entmodernisierung bzw. Ersetzung werden ausprobiert bis hin zu überlieferungssprachlichen Anleihen oder Neologismen.

- Für wichtig halte ich Erwägungen zum Epochalisierungspotenzial der überlieferten *Medien*, der Schriften, Bilder, Gebilde, Gebäude, Funde, Boden- und Landschaftsspuren. Nur auf die beiden ersteren kann ich mich hier beziehen. Ausgangspunkt ist eine grundsätzliche Differenz. Das herkömmliche Denken über Epochen, Zeitalter, Perioden basiert auf der weitgehenden *Lösung* von der primären Überlieferung.

Aber *muss* das so sein? Können nicht auch *einzelne Dokumente* oder *Überlieferungsbestände* eine echte Alternative bzw. eine Ergänzung zum *raum*zeitlich bzw. *zeit*räumlich übergreifenden Epochendenken bieten?

Zwei gegenläufige Wege/Verfahren sind hier zu bedenken. Ich habe sie einmal als Operationen mit der Lupe bzw. als Fernblick mit dem Fernglas zu fassen versucht.

Mit der einen Möglichkeit hat Jussen, wie berichtet, experimentiert. Es geht um *figürliche* Artefakte, um *Bild*-Ereignisse mit auffälliger ›Merkmalsfülle‹ – prägnante Abbreviaturen entscheidender Daseinsfragen. Fixiert an Wänden, auf Tafeln, Pergamenten, Münzen bergen sie einen deutlichen Wirkungs-›Überschuss‹, allerdings mit *inselhafter* Reichweite. Man könnte sie auch als *Leuchtorte* verstehen. Anders formuliert: Sie sind figürliche Konzentrate, Sinnhöhe*punkte* einer ›erweiterten‹ und ›gesteigerten‹ Gegenwart, verwachsen mit ihrem Ort bzw. Träger. Jussen bleibt hier vorsichtig. Vergangenheit, Gegenwart und Zukunft verschmelzende Zeit*alter*zeichen sind sie für ihn per se nicht. *Epochale* Qualität gewinnen sie erst als Fix*punkt* – *epoché* – in einer chronologischen Reihe von sinnverwandten anderen Punkten.

Lässt sich diese Überlieferungszuspitzung – das situativ verankerte Dokument/Monument mit gegenwartsdehnender Leuchtkraft – auch für *Schrift*stücke in Anspruch nehmen? Ich meine schon. Kurt Flaschs exemplarische Kommentare dreier Schriftwerke – Augustins Gnadenlehre von 397, die Verurteilung der Vernunftspekulationen der Pariser Theologen durch Bischof Tempier um 1277 und Boccaccios Poesie der Philosophie nach der Pest von 1349/53 – erweisen mir dies.[78] Sie markieren über sich hinausweisende Haltepunkte mit Zäsurqualität. Ich selbst habe ein vergleichbares Längsschnittexperiment zum epochalen Thema der *Servitus* anhand von merkmalsreichen Schriftzeugnissen (6.-13. Jh.) gemacht und mich dabei der Stand-*Laterne* bzw. des Leuchtturms als Leitmetaphern bedient.[79] Auch hier wirkt die Reihung der Einzeldokumente epochalisierend. Es scheint lohnend, diesen Weg weiter zu erkunden. Die Arbeit hat erst begonnen. Welche sinn-überschüssigen Medien könnten für eine *punktuelle* Epochalisierung infrage kommen?

Für den anderen Weg stehen die makrosemantischen Arbeiten Anita und Alain Guerreaus. Zwei radikal andere Wege der Überlieferungsnutzung! Es geht ihnen um Sinn und Bedeutung der das soziale Bewusstsein leitenden Instrumente, um das *Ensemble der Schlüsselwörter* und ihrer systemischen Beziehungen. Und zwar im Wege einer radikalen Ablösung des Erkenntnisverfahrens vom Wortlaut der Texte entweder durch lexikografische Sichtung und Ordnung oder durch die Umwandlung der verfügbaren digitalisierten lateinischen Großkorpora in rechenbare Datenbestände.[80] Für diese Operationen bedarf es keiner wertbezogenen bzw. standpunktgeleiteten Fragestellungen.

78 Excerpta classica VI, Mainz 1989; VIII, 1990; X, 1992.

79 Ludolf Kuchenbuch, *Servitus im mittelalterlichen Okzident. Formen und Trends (7.-13. Jahrhundert)*, in: Alain Dierkens, Nicolas Schroeder, Alexis Wilkin (Hg.), *Penser la paysannerie médiévale, un défi impossible?*, Paris 2017, S. 235-274.

80 Das gilt prinzipiell auch für digitalisierte vernakuläre Sprachdokumente und Boden- und Sachzeugnisse. Arno Borst hat einmal vom *Zeitalter des Pergaments* gesprochen.

Die Forschung in diese Richtungen ist längst in vollem Gange. Und sie zeitigt bereits periodisierungsrelevante Ergebnisse. Ich greife hier nur Guerreaus makrosemantische Arbeiten auf. Radikal getrennt vom Wortlaut der Dokumente operierend, hat er digitalisierte lateinische Großkorpora auf Vorkommen von vermutlichen Schlüsselwörtern untersucht und ihre Frequenzen numerisch erfasst und häufigkeits- und feldstatistisch aufbereitet sowie visualisiert. Das Ziel: epochale, d.h. ubiquitäre und langfristige Ausdruckshorizonte des ekklesial durchwirkten und regierten Lateins in Theologie, Liturgie und Administration zu erfassen und zu gewichten. Das Suchobjekt: der Bestand und das Feld der Schlüsselwörter, die Frequenzen ihres Gebrauchs und ihre semantischen Relationen. Dieses Vokabular, mit dem die Gesellschaft im mittleren Jahrtausend *sich* beschreibt, ordnet und versteht, versteht Guerreau als *epistemische Tatsache epochalen Ranges*, ob nun bezogen auf seine *Abgrenzungen* vom römischen oder vom humanistischen Latein, oder auf seine monastisch-episkopalen und scholastisch-urbanen Ausprägungen und Transformationen im Laufe des Millenniums. Das epochale *Leitmedium* christliches Latein dient nicht mehr allein der hermeneutisch ermittelten Vielfalt zeitgenössischer Kommunikation und Wissenshantierung, sondern es kann nun – statistisch repräsentativ – als epocheneigenes gesamtgesellschaftliches Bewusstsein und Ausdrucksinstrumentarium untersucht werden – das stabile ›Gestirn‹ des spirituellen Systems im Kontrast zum partikularen Leucht-›Fleck‹.

- Abschließend noch ein Schwenk von der *Periodisierungs-Funktion* der *Medien* zu den *sozialen Instanzen*, die die Historie bedient: die Toten und die Lebenden. Als Historiker weiß ich mich von *beiden* beauftragt.

Eine Doppelpflicht, deren Erfüllung von der *Bewusst-haltung* zweier *gegenläufiger Attitüden* abhängt. So simpel wie möglich gesagt: *Für* wen forsche ich bevorzugt? Geht es mir mehr um die Toten in ihrer Welt oder mehr um die Wirkungen ihrer Taten auf die Lebenden? Diese Alternative beeinflusst auch die Epochalisierungsarbeit über das lateineuropäische Jahrtausend. Aber wie? Arnold Esch hat für diese perspektivische Polarität zwei Termini verwendet; für die Seite der Toten das *Menschenalter*, d. h. ihr spezifischer Erfahrungshorizont, und für die der Lebenden das *Zeitalter* als ihr rückwärts gewendeter Orientierungsrahmen. Beeindruckend und weiterführend!

Nur wenige Worte dazu aus meiner Sicht: Für die *Menschenalter*-Seite ist es die Aufgabe, das Überlebensmilieu, die Bewusstseinslage und den Erfahrungshorizont der Toten *per se* zu beschreiben – allein *ihre* damalige Gegenwart und Vorvergangenheit. Und zwar ausschließlich geschöpft aus ihrer Hinterlassenschaft – ohne Einbettung in all das, was die Historie im Nachhinein besser und zusätzlich weiß. Barbara Schlieben (Berlin) hat die Hauptschriften zweier einander bekannter Zeitgenossen aus dem 10. Jahrhundert penibelst darauf untersucht, wie sie, befangen in ihren sehr verschiedenen komplizierten Handlungsforen, ihre Gegenwart durchdenken und für ihresgleichen darüber schreiben – ohne Fortwirkungsimagination, aber mit weittragender ›Botschaft‹ an die *Mitwelt*, eben nicht mit Blick auf die Nachwelt.[81] Anders gesagt: Eine Verdichtung, eng an der Ausdrucksweise beider entlanggeführt, mit einem ganz anderen Bedeu-

81 Barbara Schlieben, *Gegenwart schreiben im 10. Jahrhundert. Deutungen der eigenen Zeit in den Meditationes des Rather von Verona (887/974) und im Polipticum des Atto von Vercelli (885-958)*, Berlin; Boston 2024.

tungsüberschuss, mit einer anderen Sinnausrichtung als der zeiträumlichen der modernen Historie und ihrer Gegenwart. Ein Versuch, diese Konstellation der modernen Leserschaft zu *verdolmetschen*, wie Arno Borst sagt. Die Direktvermittlung von Momenten. Das Risiko: Sie steht und fällt mit der Überlieferungslage. Ein neues, anders lautendes Dokument kann das Veto gegen sie bedeuten.

Für die *Zeitalter*-Position besteht dagegen die Aufgabe in der Ermittlung und Vermittlung der *Wirkungen* des Vergangenen auf gegenwärtige Verhältnisse – erarbeitet mit derselben Überlieferung und mit denselben Methoden, aber eben mit zukunftsorientierter Zeitrichtung. Ein langzeit-diagnostischer Sprung. Es sind die zeitgenössischen *Problemlagen*, deren Gewicht und Aktualität die *Fragen* an die Relikte generieren und die Art und Weise ihrer Befragung modellieren. Dass und wie die Dispute über das mittlere Jahrtausend als Zeitalter, Epoche, Periode mit dem sich wandelnden Orientierungsbedürfnis in den vergangenen Jahrzehnten zusammenhängen, konnte ich in meinem Bericht nur andeuten. Das Risiko solcher identitätspolitischen und kulturtherapeutischen Dienstleistungen steht und fällt mit der *Plausibilität* der Fragen, die aus der Problemlage der eigenen Gesellschaft herauswachsen.[82] Ihre Instabilität gründet nicht im Überlieferungszufall, sondern im Wertewandel. Solche Historie ist (kultur-)politische Wissenschaft. Die Zeitalterposition zwingt zur Revision, zur steten Anpassung an die unstete Gegenwart. Damit haben die Toten nichts zu tun.

82 Ein bedenkenswertes Lehrstück für diese Zusammenhänge bietet die immer noch kuriose Mediävalisierung der kommenden Gegenwart von Umberto Eco, *Auf dem Wege zu einem Neuen Mittelalter* (1977), in: ders., *Über Gott und die Welt. Essays und Glossen*, München, Wien 1984, S. 8-33.

Zu Person und Werk des Autors

Ludolf Kuchenbuch war von 1985 bis 2004 Professor für Ältere Geschichte an der Fernuniversität Hagen. Sein Aufgabengebiet umfasste also ebenso die Alte wie die Mittelalterliche und Frühneuzeitliche Geschichte. Ein Schwerpunkt seiner Forschungen ist die Geschichte der ländlichen Wirtschaft und Sozialstruktur, insbesondere des Feudalismus. Andere Felder sind die Geschichte der Arbeit, des Geldes und der Schriftlichkeit. Mit großer Offenheit und Kreativität wandte er sich der Historischen Semantik und Anthropologie zu. Entschieden sucht er stets den Dialog mit der internationalen, vor allem der französischen Forschung. Seinem originellen Denken korrespondiert eine kreative Sprachmächtigkeit jenseits jeden wissenschaftlichen Jargons. Neben seiner beruflichen Arbeit widmet sich Ludolf Kuchenbuch stets auch dem Jazz als Saxophonist in verschiedenen Bands und mit wechselnden Partnern. Seit seiner Übersiedlung als Pensionär wirkt er in Berlin regelmäßig und engagiert an den Mittelalter-Kolloquien der Humboldt- und der Freien Universität mit.

Seine wichtigsten Werke in Auswahl: Bäuerliche Gesellschaft und Klosterherrschaft im 9. Jahrhundert (1978); Reflexive Mediävistik. Textus – Opus – Feudalismus (2012); Versilberte Verhältnisse. Der Denar in seiner ersten Epoche 700-1000 (2016); Marx, feudal. Beiträge zur Gegenwart des Feudalismus in der Geschichtswissenschaft, 1975-2021 (2022); Das polymorphe Joch. Servile Denk- und Handlungsfiguren in nachrömischer Zeit (in Vorbereitung).